新・経営組織論の展開

高松和幸［著］

創成社

序文

経営組織論は組織の歴史とともに発展した性格があり、その歴史は古い。「袖振り合うも他生の縁」という諺のように、たくさんの人がさまざまな目的でつながり、組織を構成し、所属することから人と組織は切っても切れない関係にある。そのいくつかのトピックについては学界・実業界ともに、かなりの普及もみられるし、それらに関する著書も豊富にある。

このたびの本書上梓にあたり、マクロ・ミクロの視点から組織の代表的なトピックを基礎用語からマルチパラダイム化する理論の多様性を理解する必要があると考えた。また、絶えず変化する環境に適応しながら優位性を維持するDXなどは必須であり、市場を牽引する施策を持つ人材が少ないという現実もあり、それらを網羅することの重要性を意識した。

私の経営組織論研究も半世紀近くになる。本書の前身が1998年の初版だから、かなり経過している。その間、組織研究の興味も多少の拡がりがあり、災害分野の研究（事前防災研究）や地域活性分野の研究、さらにはドローン分野の研究の活動へと拡がった。その一端は拙著『市民社会とレジリエンス』や『マッチングギフトとコミュニティ形成』に詳しい。

本書の特徴を一言でいえば、有機体としてのVSM（生存可能システムモデル）を取り上げている点にある。経営組織論に関する著作の中で、VSMの細部を扱っているものは皆無である。ＶＳＭは指導教授の宮沢光一先生から教えていただいた。自己組織やその制御を対象とするが、中でも「多様性のみが多様性を吸収できる」という法則は極めてユニークである。管理に至る対象は多様性、多様性があるから自己調整や自己制御が可能である。有機体として組織は多様性を問題としている。経営とはアートであると指導教授の山城章先生から教えていただいた。その対象は有機体であり、実践（実学）が無ければ無意味であると言われた。災害分野では中林一樹先生からご教示いただいた。実際に災害地での調査研究を通して創造的復興を思考する機会にも恵まれた。地域活性分野では内閣府で実施した「マッチングギフト」調査が基礎となり、疲弊する地域コミュニティの活性化などを痛感するに至った。こうした研究で共通することは、多くの先生方との出会いもあるが、理論的には自己組織化の欠如ということにある。この問題を取り上げたいというのが本書の眼目である。こうした問題に本書が貢献できるところがあれば望外の喜びである。最後に、創成社の西田徹氏には校正をはじめ多くのことを依存してしまった。この場を借りて御礼を申し上げたい。

２０２４年３月16日

高松和幸

目次

第1章
伝統的組織論の構造

伝統的組織論（traditional organization theory）といわれる経営組織に関する理論は、近代組織論に対して、古典的組織論（classical organization theory）ともいわれている。アメリカのテーラー（F. W. Taylor）や、フランスのファヨール（H. Fayol）が、伝統的組織論の始祖とされている。すなわち20世紀の初頭に、テーラーは科学的管理法を提唱し、またファヨールも管理原則論を展開した。その後、こうした理論が多くの研究者によって発展され、さらに、より近代化された形で経営過程学派とよばれるクーンツ（H. D. Koontz）などにより継承されている。本章では、こうした伝統的組織論の特徴を明らかにし、近代組織論への発展の基礎を解明する。

第1節　科学的管理法

1　科学的管理法の内容

伝統的組織論としてのテーラーの科学的管理法においては、作業者という人間は、比較的単純な反復的な作業を遂行する機械として分析される。そして、動作研究をつうじて作業者の動作を研究し、1つの最善の方法を発見し、それを作業標準として作業の能率化をはかっている。

また科学的管理法は、時間動作研究の方法を用いて、作業者の比較的に反復的でルーチンな課業を多数の要素作業に分割し、各要素作業を遂行するのに要する単位時間を決定する。また、多数の要素作業からなる複雑な業務活動については、要素作業の単位時間を集計することによって必要な標準時間を決定する。そして、従業員が課業を遂行する努力を刺激するための方法として、差別的出来高給制などの刺激賃金制度が研究されている。

科学的管理法が仮定している人間は、人間という有機体が現実にもっている諸側面のうち、生理学的な側面のみを取り上げたものである。すなわち、従業員の生理学的な諸変数、たとえば従業員の作業能力、疲労、耐久力、スピードなどを取り上げたところに、科学的管理法の特色がみられる。したがってマーチ＝サイモンは、科学的管理法を「生理学的組織論」(physiological organization theory) とよんでいる。

2 生理学的組織論の特徴

科学的管理法に代表される生理学的組織論は、次の2つの特徴をもっている。

(1) 組織における人間行動のなかで、単純反復的な作業を対象としたこと。
(2) 人間の属性のなかで、かぎられた生理学的変数を対象としたこと。

科学的管理法は、作業現場における単純反復的な作業を分析の対象としており、その意味で「作業の科学」といわれる。すなわち、作業者の作業は大部分反復的であるから、多数の同種の要素作業に分割することができる。そして各要素作業について、動作研究によって1

つの最善の方法を発見し、詳細な作業標準を設定して同じ作業に従事する作業者に、その作業標準を適用する。

また各作業について、時間研究をつうじて標準時間の設定が行われる。そこでは、各作業者による代替案の発見や選択の自由は許されない。科学的管理法は「作業の科学」として、単純反復的な作業の能率化をはかるものであり、組織における人間が直面する問題解決ないし意思決定の側面は取り上げない。バーナード＝サイモン以降の近代組織論は、組織における意思決定過程を取り上げるところに、その近代的な特徴がみとめられる。

マーチ＝サイモンも指摘しているように、科学的管理法は、人間の心理学的変数を分析の対象とすることによって、その後の労働科学や人間工学の発展の道を開いていることは注目に値する。

また科学的管理法は、次のような生理学的変数を分析の対象としているところから、生理学的組織論としての特徴をもっている。

作業能力　動作研究は、人間の作業能力の生理学的制約を分析し、その最大利用をめざしている。

スピード　時間研究は、人間の作業スピードという生理学的変数を分析して、作業の標準時間を設定する。

疲　労　人間は疲労という生理学的変数をもっているから、機械と同じものとみることはできない。作業時間が増加するにつれて疲労が増大し、生産能率が減少するとともに作業者の体力低下をもたらすから、休憩時間を必要とする。

動機仮説　作業者は、労働力の対価として最大の賃金収入を獲得するという経済的動機によって働く、という動機仮説がある。この動機仮説にたって、刺激賃金制度が提案されている。

3　生理学的組織論の限界

近代組織論の立場から、科学的管理法に代表される生理学的組織論は、次のような限界をもっている。

(1) 組織における人間行動のうち、単純反復的な作業を分析の対象としており、組織における人間の意思決定の側面を取り扱っていない。

(2) 人間の生理学的変数を分析の対象としており、組織における人間の心理学的変数などの重要な属性を捨象している。

(3) 組織における人間の最大の動機が、最大の賃金収入を獲得することであるという動機仮説は、あまりにも単純すぎる。

(4) 科学的管理法は、組織論としては技術論であり、「作業の科学」であっても「組織の科学」ではない。

要するに科学的管理法は、ルーチンな作業の能率化や、能率的な組織に対して、規範的な技術論を展開したものであり、組織について記述的・理論的分析を加えたり、またそれについて科学的実証を行っているものではない。

第2節　管理原則論

1　管理過程論の特徴

伝統的組織論のもう1つの流れは、ファヨールにはじまる管理原則論である。ファヨールの流れをくむクーンツ（H. D. Koontz）は、伝統的組織論に属する管理過程論の特徴を、次のように述べている。

(1)　管理は1つの過程であるが、それは経営者の職務を分析することによって解明することができる。

(2)　経営に関する長い経験から、基本的な管理原則を抽出することができる。その管理原則は、管理の理解やその改善のための説明原理として役立つ。

(3)　これらの管理原則は、その妥当性を検証し、実際への応用を改善するための研究の焦点となる。

(4)　以上の信念が、有用な管理論の基礎となっている。

(5) 管理は1つの技術であるが、それは健全な管理原則に依拠することによって改善できる技術である。
(6) 管理原則は、生物学や物理学の原則と同じく、例外があるにしても真実性を失うものではない。
(7) 経営者の環境に影響する多くの要因があるが、経営管理論が実践の科学的、理論的な基礎として役立つためには、すべての知識を包括する必要はない。

以上は、ファヨール以来の伝統的組織論の立場を説明したものである。伝統的組織論は、経営者の職能を分析して、管理の要素ないし過程に分けて考察する。また管理要素について、長い間の経験から管理原則を抽出する。そして、この管理原則は同時に組織原則となっているが、それを体系化したものが管理論ないし組織論の内容を形成している。

2 管理の要素

伝統的組織論は、経営者の職能を分析したうえで、管理を各要素または各過程に分けて考察することが特徴となっている。ファヨールは、管理の要素を、次の要素に分類している。

計　画　将来を研究して行動計画（予算）をたてること。

組　織　事業に必要な人と物の構造を形成すること。

指　揮　各人が自分の職能を遂行するように配慮すること。

調　整　すべての活動や努力を総合し調和させること。

統　制　すべてが定められた基準や計画に従って遂行されるように確かめること。

管理の要素についてのファヨールの分析方法は、現代のクーンツ＝オドンネル（H. D. Koontz and C. O'Donnell）においても踏襲されている。すなわち、クーンツ＝オドンネルの場合には、管理の要素として、計画、組織、人材配置、指揮、統制の5つをあげている。ここで調整は、管理の本質的機能であるとして管理の要素から外され、かわりに人材配置が付加されている。

ファヨールによれば、生産や販売などの事業活動は組織体をつうじて行われるから、管理職能は、組織体を形成し運営するために必要な職能である、としている。すなわち「管理職能は、有機体における神経組織に相当しており、神経組織すなわち管理活動なしには、有機体は活力を失い衰滅する」と述べている。

ここで有機体とは、組織に相当する。組織の構造を形成するという意味での組織職能は、管理職能の1つの要素ではあるが、管理職能とは要するに組織の形成とその運営を意味している。

3　管理原則（組織原則）

管理原則（management principle）は、組織の形成と運営に関する原則であるから、また組織原則（organization principle）であるともいえる。こうした管理原則は、経営管理の長年の経験から蒸留されたものであり、経営管理の実践のうえで有効であることが証明された諸原則である。

この管理原則は、ちょうど船の入港に役立つ灯台の役割を果たすと考えられる。たとえ灯台があっても、船長に航海の熟練がなければ入港させることはできない。しかし灯台がなければ、まれな熟練者でなければ入港は困難であり、座礁する危険が大きい。この比喩で、船は組織に、船長は経営者に、灯台は管理原則に相当する。

管理原則として重要なものは、次のとおりである。

目的の原則　組織は共通の目的を達成するためのものであるから、すべての組織は明確な目的をもたなければならない。企業の組織は、企業の目的の達成に役立つものでなければならない。

専門化の原則　この原則は、組織の各構成員が単一の専門化した業務活動を担当することである。専門化によって、各人は職務の遂行に必要な専門的知識と熟練が容易に得られ、組織の能率が促進される。

命令統一の原則　この原則は、1人の人は命令のラインに従って、つねに1人の長から命令を受ける組織原則である。この原則が守られないと、長と部下との関係が不明確となり、各人の責任が曖昧となり、組織の能率は低下する。

管理の幅の原則　この原則は、1人の長が直接に指揮・監督できる部下の数には限界があることを指している。この管理の幅が広すぎると、コミュニケーションが困難となり、調整と監督が困難となり、能率が低下したり管理上の失敗を生ずる。

権限と責任の原則　この原則として、権限と責任は明確に規定しなければならないという明確化の原則、権限と責任は対応しなければならないという対応の原則、各職位の間の権限・責任関係を明確にしなければならないという原則、などがある。

4　管理原則論の限界

伝統的組織論の内容を形成している管理原則論について、バーナードの後継者であり、近代組織論を現代において代表するサイモン（H. A. Simon）は、次のように批判している。

①　管理諸原則は、二律背反的な性格をもつものが多い。
②　管理諸原則は、意味があいまいであり、オペレーショナルな有効性をもたない。
③　管理原則論は、管理に対する統一的な概念の設定を欠いている。
④　管理諸原則は、その経験的な妥当性を検証することができない。

まず伝統的組織論には、専門化を進めることによって組織の能率が増大するという「専門化の原則」がある。しかし、職能別、製品別、場所別などの異なる専門化の方法は、お互いに二律背反的な性格をもっている。

すなわち、職能別に専門化すれば職能別部門組織となり、製品別に専門化すれば製品別事業部制の組織となる。同じ専門化の原則といっても、両者の組織形態はまったく異なる意味と機能をもっている。したがって専門化の原則は、これらの異なる専門化の方法のうちから、どの1つを選択するかを決定する有効な基準とはならない。

専門化の原則は、どのような情況のもとで、どのような方法で専門化を行えば組織の能率が増大するかについて、明確な科学的な基準を設定しない。その意味で、オペレーショナルな有効性をもたない。

さらに専門化の原則は、命令統一の原則と二律背反的な性格をもっている。すなわち、専門的な知識を必要とする意思決定は、その専門家により専門的に行われることが専門化の原則に合致している。しかし職能別専門家によって意思決定が行われると、下位のラインの人は2人以上の専門家（スタッフ）から命令を受けることになり、命令統一の原則と矛盾することになる。

命令統一の原則は、組織における各人の決定が、唯一の命令のラインによって影響されるという仮定に立っている。しかし意思決定に、2つ以上の専門領域にわたる知識が要求される場合、2人以上の専門家が助言的・情報的なサービスを提供するような組織の原理が必要である。

次に伝統的組織論では、管理の幅、すなわち1人の管理者が直接に指揮する部下の数を少数の人員に限定することによって、組織の能率が増大するという組織原則が立てられる。ところが他方では、1つの事項が決定される管理段階の数を最小にすることによって、組織の能率が増大するという組織原則がある。この2つの組織原則は、明らかに二律背反的な関係にある。

この管理原則について、従業員の数を一定とすれば、管理の幅を狭くすると管理段階の数が増加する。したがって管理段階の数を減らすためには、管理の幅を広げなければならないからである。管理の幅の最適な数は何人であるかについては、科学的な実証は行われていない。たとえば5~8人ともいわれるが、それは単なる経験的な基準にすぎない。それを、科学的に実証する努力は行われていない。

このように伝統的組織論における組織原則は、相互に矛盾するだけでなく、表面的であり単純すぎるし現実性を欠いている。さらに伝統的組織論は、組織の能率をあげるための組織技術論であり、組織の本質についての理解が不十分であり、組織に関する統一的な概念を欠如している。また、組織原則には科学的実証の裏付けがないという欠点をもっている。

第3節　官僚制組織

1　官僚制組織の機能

伝統的組織論は、その起源をマックス・ウェーバー（Max Weber）の官僚制組織論にみることができる。官僚制モデル（bureaucratic model）といえば、今日では一般に行政組織をさし、それはまた非能率組織の典型と考えられている。しかし、ここでいう官僚制モデルは、1つの一般的な組織モデルを指しており、それは行政組織だけでなく近代の株式会社の組織にも妥当する合理的組織のモデルとなっている。

官僚制モデルは、はじめから非能率組織であったわけではなく、マックス・ウェーバーによれば、むしろ合理的な組織であり、近代社会成立のための不可欠な組織であった。すなわち官僚制組織は、職務の専門化を行い、各職務分野において公正な試験制度によって高度な専門的な教育訓練を受けた専門家による管理が行われ、職務遂行の合理性を高めることができる。

また官僚制組織では、権限と責任は各職位に対して与えられ、職位を占める人に対して与えられるものではない。したがって各人は、その職位に伴う権限と責任によって、一定の管理規定に従って没主観的に職務を遂行することが要求される。このように権限の遂行に当たって、私利私欲や私情などの主観的利害の混入を極力避けることによって、客観的に合理的意思決定が行われるところに、官僚制組織の合理的な機能がある。

このように官僚制組織は、高度に専門化され、非人格化された行動パターンを生みだし、また権限の遂行に当たって個人の主観的利害を排除し、組織目的に対して客観的に合理的な行動パターンを生み出す機能をもつところから、合理的組織のモデルとされた。官僚制組織は、こうした合理的な機能のために、封建的組織に代わって近代的組織の成立の過程において、大きな役割を果たした。

しかし、官僚制組織は、意図された合理的な機能をもつとともに、他方において「意図されなかった逆機能」をもつことが指摘されている。すなわち、現在では官僚制組織に対して、非能率、レッドテープ主義、顧客の無視、派閥性などのレッテルが貼られているが、それらはここにいう「意図されなかった逆機能」を意味している。

2　官僚制組織の欠陥

官僚制モデルは、個人の私益や恣意によって意思決定が行われることを排除して、組織の目的のために合理的な意思決定を確保することが予定されている組織である。ところが、こうした合理的な組織であるが、各種の予期しない非合理な行動を生む側面をもっている。この組織の欠陥は、次のように要約することができる。

(1)組織の目的を合理的に達成するために、規定や手続が定められているにもかかわらず、それが組織の目的から離れて独自の価値をもってくる。そこに、形式主義の弊害が生まれ、決定の迅速性と伸縮性を欠き、組織の非能率を生ずる。

(2)権限の階層の原理によって問題が処理されるために、決定問題はすべて上級の管理レベルに集中され、集権管理の弊害を生ずる。

(3)タテの権限関係が中心となるから、各部門の間にセクショナリズムを生ずる。

(4)各人の決定処理は画一化される。したがって、定型的な決定処理は能率的に行われるが、非定型的な革新的な決定のためには非能率的となる。

(5)組織内における能力主義による競争は忌避されるので、構成員の潜在的な能力が開発されない。

(6)構成員は人間的欲求が無視され、一定の手続によるルーチンな決定処理を反復する抑圧された組織人となる。

(7)官僚制モデルは、環境の変化に硬直的な組織であり、適応力を欠く組織となる。

以上のように官僚制モデルは、予期された合理性と予期されない非合理性との2つの側面をもっているが、それは伝統的組織論の組織モデルと多分に共通性がある。そして、今日の古い大企業の組織の多くは、こうして官僚制モデルの実態をもっている。

第4節　人間関係論

1　人間関係論の性格

伝統的組織論から近代的組織論への発展の過程に、人間関係論（human relation theory）がある。すなわち、伝統的組織論においては組織の合理性が徹底して追求され、大量生産組織の急速な発達がもたらされた。しかし一方で、合理化された仕事の枠にはめ込まれた人間本来の性質が、いろいろな歪みとなって現れはじめた。人間関係論は、こうした人間性を経営組織のなかに取り込もうとする動きのなかから生まれた。

人間関係論においても、組織における人間の行動について、行動諸科学の概念や方法を援用して実証的な研究を行うという点では、近代組織論の行動科学的な立場と共通している。しかし人間関係論では、組織における人間行動の非合理性の側面に研究の中心をおき、組織の内的な部面である非公式組織を認識対象としていることが特徴となっている。

伝統的組織論に属する科学的管理法においては、組織における人間は、機械的な人間すなわちマシン・モデルであり、人間の生理学的な側面のみを取り上げている。したがって、科学的管理法を「生理学的組織論」という。これに対して人間関係論においては、組織における人間の役割を重視し、人間行動の動機的な側面を取り上げる。その意味で、人間関係論は

「モチベーションの組織論」といわれる。このように人間関係論は、伝統的組織論の弱点を補足して発展させているということができる。

ところで人間関係論は、メーヨー（E. Mayo）や、レスリスバーガー（F. J. Roethlisberger）らによるアメリカ・シカゴのウエスタン・エレクトリック社のホーソン工場における長期の調査、いわゆる有名なホーソン実験に端を発している。

「ホーソン実験」は、1924年にはじめられた「照明実験」の失敗によって、すなわち、それ以前にテーラーやギルブレス（F. B. Gilbreth）などによって、立てられた従業員に関する仮説の正しさの立証に失敗することによって、その後数年にわたって「リレー組立作業テスト」、「面接調査」、「バンク捲線作業観察」などの調査が重ねられた。その結果、新たに導かれた理論が「人間関係論」である。

2　人間関係論における組織観

テーラーやギルブレスなどの仮説によれば、従業員は生理学的個体として機械のような存在であり、また賃金などの物的報酬に刺激される「経済人」であった。「ホーソン実験」は、このような従業員に対する人間観が必ずしも正しくないことを立証して、新たな人間観を提示した。すなわち従業員は、すぐれて感情的ないし没論理的な存在であり、人間関係のなかに存在する「社会的な動物」であるとした。こうした人間観に立脚する人間関係論においては、企業は1つの「小社会」、すなわちそこに働く従業員相互間のさまざまな「人間関係の複合体」である。

そこで企業は、まず人間的組織として認識される。この人間的組織には、企業側で設定する「公式組織」と、従業員間に自然的に発生する「非公式組織」とが含まれる。公式組織は、能率の論理に従う「上から」の組織であり、組織編成、命令の系統、権限と責任、報酬と制裁などを明らかにする。これに対して非公式組織は、感情の論理に従う「下から」の組織であり、独自の社会的規範をもって自然的に発生した指導者に統率される自生的な集団である。

人間関係論によれば、非公式組織の論理は公式組織の論理としばしば相矛盾するが、公式組織に制約されながらも、なお非公式組織が存在し続けるのが現実の組織である。むしろ非公式組織は、企業に対する従業員の自発的な協力を得るために、不可欠の前提であるとさえ考えられている。

このように、企業組織をまず人間組織として認識し、さらに非公式組織を重視する組織観は、人間関係論以前のテーラーなどの理論においては、みることのできないものであった。それは、従業員を生理学的個体であり経済人であると仮定する限り、こうした組織観は生ずる余地がないからである。

第2章

近代組織論の構造

バーナード（C. I. Barnard）は近代組織論の創始者であり、その著作『経営者の役割』（The Functions of the Executive, 1938）は、近代組織論における古典的な代表的文献となっている。バーナードの組織理論は、その後、多くの研究者によって発展され、伝統的組織論にたいして近代的な組織概念を採用することによって、組織論を一新している。こうした近代組織論は、現代ではバーナード＝サイモン（C. I. Barnard and H. A. Simon）と、その流れをくむマーチ＝サイモン（J. G. March and H. A. Simon）などの組織論として展開されている。本章では、近代組織論の内容を検討し、もって現代における組織論の特徴を明らかにする。

第1節　近代組織論の特質

1　組織の近代概念

伝統的組織論の中心課題は、第一に、経営目的の達成に必要な各構成員の職務を規定することであり、第二に、権限と責任を各職務に配分することによって、各職務の相互関係を定めることであった。その場合、経営者は組織の外において管理の効率を高める手段として、組織を利用するという立場がとられている。

これに対して、近代組織論の始祖といわれるバーナードは、経営者は組織の1つの機関であり、経営者の職能は組織の本質から規定されるという立場をとり、「組織は、共通の目的を達成するために、2人またはそれ以上の人間の意識的に調整された行動のシステムである」と定義している。

伝統的には、組織の概念に「物の組織」を含ませることが多いが、近代組織論では、組織は「行動のシステム」である。また伝統的には、組織を「人の集団」とすることが多いが、近代組織論では、共通の目的を達成するための「人間行動（human behavior）のシステム」が組織である。こうした組織の定義から、組織における人間行動を記述・分析するために、行動科学（behavioral science）の立場をとることが、近代組織論の第一の特徴である。

近代組織論のもう1つの特徴は、組織における人間行動の中心概念として、意思決定の概念を採用することである。伝統的組織論では、組織を作業ないし作業管理のシステムとみるのに対して、近代組織論では、組織は意思決定のシステムであるとする。サイモンは「経営管理とは意思決定である」と述べている。

2　近代組織論の特徴

バーナード＝サイモンや、マーチ＝サイモンの組織論は、近代的な組織概念を採用することによって、現代の経営組織論の主流となっている。こうした近代組織論の特徴を、次のように述べることができる。

(1)　経営者の職能ないし管理の職能は、組織のなかの1つの専門的な職能であるという立場から、経営者職能論は組織論によって代位されている。伝統的組織論では、経営者の職能や管理過程を分析し、計画、組織、調整、統制、モチベーションの過程に分けて考察する。これに対してバーナードにおいては、管理論は組織論であり組織論的管理論であることが特徴となっている。

(2) 近代組織論は、単なる技術論ではなく、組織の本質や性格に対する理論的解明を行うものであり、記述科学的志向をもつことが特徴となっている。伝統的組織論が技術論的な性格であるのに対して、近代組織論は、組織の本質や人間行動について記述的な分析を行うものである。

(3) 組織論における中心的な認識対象として、作業ではなく意思決定の過程についての考察が取り上げられている。伝統的な組織論では、作業の能率を最大限に高めるために人間の行動を作業の面から取り上げる。近代組織論では、組織のなかで行われる意思決定の過程が中心的な課題となっている。この意味で、近代組織論は意思決定的組織論ともいわれる。

(4) バーナード＝サイモン理論に代表される近代組織論は、行動科学の立場にたっていることを特徴とする。伝統的組織論では、人間は機械の付属物として作業遂行のための受動的な用具と考えられてきた。近代組織論では行動科学の立場から、人間は動機や欲求をもち意思決定の能動的な主体であり、選択の自由をもつ人格としてみなされる。

第2節　行動科学的組織論

1　行動科学の特徴

バーナード＝サイモン理論に共通する特徴として、それが行動科学の立場に立つことが一般に認められている。

行動科学は、組織における人間行動について分析し記述する科学である。その場合、人間行動を研究する1つの方法として、経済理論がすでに広く普及している。しかし組織における人間行動は、単に経済的利害だけでなく、非経済的な利害や動機も重要な要因になっているという事実から、経済学の立場を越えているところに行動科学的な組織論の特徴がみられる。

バーナードによれば、「組織は、人間の社会的行動が行われる具体的な社会過程である」という。またサイモンは、「管理の科学は、組織の社会学である」という。このように組織論の認識対象として、組織を1つの社会的システムとみることによって、行動科学的な組織論は、組織における人間行動を研究する立場に立つものということができる。

組織を離れて人間行動一般を研究する学問として、社会学、心理学、社会心理学や文化人類学などがある。これらの学問は、「行動諸科学」といわれる。「行動科学」と、「行動諸科学」とは異なる。前者は、組織における人間行動を研究するのに対して、後者は、組織を離れて人間行動一般を研究する。

2　行動科学と近代組織論

近代組織論は、行動科学の立場から、次のようなアプローチをとることを特徴としている。

学際的アプローチ　経済学、社会学、心理学などの社会諸科学の間の既成の境界線を外して、組織における人間行動を共通の対象とした、諸学の協力的な研究方法を学際的アプローチ（interdisciplinary approach）という。行動科学は、こうした学際的アプローチをとることを特色としている。

組織における人間行動について、学際的アプローチをとるのが行動科学であるという場合、人間関係論も行動諸科学の概念や方法を援用して実証的な研究を行っているが、近代組織論の行動科学的な立場とは異なる。人間関係論では、組織の内的な面であるインフォーマルな組織を認識対象とするのに対して、近代組織論では、全体社会を構成する制度的単位としてのフォーマルな組織を対象とする点で異なる。

人間関係論では、組織における人間行動の非合理性すなわち動機的な側面に中心をおくのに対して、近代組織論では、同じ行動科学の立場に立ちながら、組織における人間行動の合目的性すなわち意思決定の認識的側面に中心をおく点で異なる。その意味で、人間関係論を「モチベーションの行動科学」というのに対して、近代組織論は「意思決定の行動科学」といわれる。

記述科学的アプローチ　科学は、記述科学（descriptive science）と、規範科学（normative science）ないし実践科学（practical science）とに分けられる。規範科学は、実践的な目的を達成するための行動について、実践的提言を行うことを任務とする。これに対して記述科学は、組織のなかで行われる人間行動について検証可能な仮説を立てて、その仮説を検証することによって理論化を行うことを任務とする。

規範科学が実践科学の性格をもつのに対して、記述科学は論理実証主義に基づく理論科学の性格をもっている。しかし記述科学も、現象の説明と予見に基づいて実践的提言を行うことができる。行動科学は、人間行動について記述科学的アプローチをとることを特色としている。

第3節　意思決定論的組織論

1　組織における人間

近代組織論は、組織に対する統一的概念として意思決定の概念を設定することから、意思決定論的組織論といわれる。

マーチ＝サイモンによれば、組織の理論は人間行動の理論であり、組織における人間行動を説明するために、人間の特性に関する仮説によって、組織論を次のように分類している。

科学的管理法　組織の構成員とくに従業員は、本来、受動的な用具であり、仕事を遂行し命令を受け入れる能力をもつが、みずから問題解決し重要な影響力を他人に行使する能力をもたないという仮説に立っている。

人間関係論　組織の各構成員は、人間として動機、価値や目的をもち、組織に参加するためには動機づけないし誘因を必要とする。また、個人の目的と組織の目的との間に矛盾があるため、構成員の態度やモラールが組織行動の説明に重要性をもつという前提に立っている。

近代組織論　組織の構成員は、意思決定者ないし問題解決者であり、意思決定のための認識や思索の過程が、組織の行動の説明に中心的な役割をもつという前提に立っている。すなわち、組織のなかで個人の意思決定がどのように行われ、組織によって意思決定がどのような影響を受けるかについて、分析することを任務としている。

組織の理論を展開する際に、組織における人間についての仮説が基本的な仮説となる。科学的管理法では、組織のなかの人間は命令を受けるだけの「受動的な用具」であり、作業者として取り扱われてきた。人間関係論では、心理学的な動機をもつ人間が取り扱われてきた。近代組織論では、人間は目的を達成しようとする意思決定者として、また問題を発見しこれを解決しようとする問題解決者として取り扱われる。

意思決定とは、要するに目的を達成するために、代替的手段のなかから1つを選択する合理的な人間行動を指している。組織の基底にあるものは、こうした人間の意思決定の過程である。人間は、意思決定の自由をもち、選択の自由をもつという仮説に立つのが、近代組織論の立場である。

2 意思決定の分類

近代組織論では、意思決定は次の2つに分類される。

組織的決定　これは、組織の目的を達成するために合理的に行われる意思決定である。その意思決定は組織的に専門化されており、たとえば生産計画や人員計画の決定などは、すべて組織的決定（organizational decision）に属する。

組織的決定は、さらに、①定型的意思決定（programmed decision）と、②非定型的意思決定（nonprogrammed decision）との2つに分類される。定型的意思決定は、日常反復して生ずる問題であり、そのつどの意思決定を必要としないように一定の方式や手続が定められているものである。組織のなかの意思決定の大部分は、この定型的意思決定である。

これに対して非定型的意思決定は、問題が初めてであり問題の構造が不明確なため、代替案の探求を伴う問題解決的な行動である。新製品開発や多角化投資の決定などが、この非定型的意思決定に属する。ここでいう非定型的意思決定は、また革新的決定（innovative decision）ともいうことができる。革新とは、これまでの方式やシステムを変更したり、新しい方式やシステムを開発する意思決定の過程であり、新製品や新しい管理方式の開発などが革新的決定に属する。

個人的決定　これは、個人の目的や動機を満足するために合理的な選択を行う意思決定である。組織のなかの人間は、組織の目的を合理的に達成するための組織的意思決定者であると同時に、個人の目的や動機を満足するための個人的決定者である。組織のなかでは、構成員の組織的決定が行われ、個人的決定ではない。各人の個人的決定は、組織の外部において行われるものである。

しかし個人的決定をつうじて、組織の目的に貢献しようとする各人の協働的意思が生ずるものであり、その結果として合理的な組織的決定が行われることになる。したがって個人的決定は、人間関係論におけるモチベーションの問題であるということになる。このように近代組織論は、構成員のモチベーションを組織論に包摂することで、公式的な組織構造だけを取り扱ってきた伝統的組織論と根本的に異なる。

第4節　組織のコンティンジェンシー理論

1　コンティンジェンシー理論の構成

組織のコンティンジェンシー理論（contingency theory）は、また条件理論、条件適合理論、構造条件適合理論などともいわれ、組織と環境との関係に目を向け、組織の環境が異なれば有効な組織は異なる、という命題の上に立っている。この理論は、組織をオープン・システムとみなす点で、伝統的組織論におけるクローズド・システム観から脱皮しようとするところに、その新しい特徴がある。しかし、コンティンジェンシー理論の前提となる組織の基本的枠組みが、伝統的組織論を踏襲しているところに問題があり、そのために近代組織論との間に断絶がみられている。

コンティンジェンシー理論では、環境の不確実性↓組織構造・過程↓組織有効性という影響関係の仮定のもとで、組織とその環境間の相互作用や、サブシステム内およびサブシステム間の相互作用、そして諸変数の関係や構成のパターンが分析される。そのため、分析レベルも、①組織レベルのもの、②集団レベルのものがあり多様である。

①　組織レベルのコンティンジェンシー理論においては、管理システムを機械システムと有機的システムとに分け、前者は安定的環境条件に適し、後者は不安定的環境条件に適

するとしている。そしてウッドワード（J. Woodward）は、環境条件としての技術と組織構造との関係について、「技術が組織構造を規定する」という命題を導出している。

また、組織の分化と統合のパターンと環境特性との関係について、不確実性の高い環境に有効に適応している組織は、その構造の分化と統合という相反する構造状態の両方とも高いことを示している。

さらに、事業部制は必ずしも全産業に普及しているものではなく、企業の志向する戦略によって決定されているという。たとえば、単一産業内で成長戦略をとっていた企業は機能別組織を多用していたのに対して、多くの産業にまたがって多角化戦略をとっていた企業は、事業部制を採用している例が多かった。

② 集団レベルのコンティンジェンシー理論においては、高い集団業績を導くリーダーの特性（関係志向型リーダー、タスク志向型リーダー）は、状況特性（リーダーと成員との関係、タスク構造、リーダーの職位に基づくパワー）によって異なることが認められている。

2 ネオ・コンティンジェンシー理論

コンティンジェンシー理論の特徴は、個人や集団の動機づけを中心としたミクロ組織論に代わって、組織全体を分析単位とするマクロ組織論を誕生させ、環境特性に応じた最適な組織構造のデザインに具体的な示唆を与えたという点にみられる。すなわち、人間の欲求充足などを中心とする組織設計から、環境適合を中心とする組織設計を提起したことである。

しかし、ネオ・コンティンジェンシー理論の立場から、次のような批判が行われている。第一に、従来の理論は、組織を受動的に環境に対応するものとみるため、環境と組織との関係は一方向的に考えられている。すなわち、環境決定的な見方がとられていた。しかし現実には、戦略の策定や遂行を推進することで主体的に対応している。第二に、環境と組織との関係は、一対一の対応ではなく、組織の構成要素間に適合性があれば、異なる組織特性が同一環境下でも、同程度の有効性を発揮することができる。

このような、組織による主体的・積極的な環境対応戦略を重視するアプローチは、戦略選択的アプローチといわれる。すなわち組織は、環境に対応するための独自の戦略をもっており、技術、機構、過程においてその戦略と整合する特定の体制をそれぞれ備えているとし、それらの組織タイプを防衛型、模索型、分析型、受身型に分類して分析が行われる。

3　コンティンジェンシー理論の意義

組織論のコンティンジェンシー理論の意義として、次の諸点があげられる。

(1)　コンティンジェンシー理論では、オープン・システム観に立って環境と組織との関係を問題としている。しかも、間接的に組織に影響を与える一般的環境だけでなく、直接に組織の目標達成に影響を与える特定の環境（課業環境あるいは関連環境）と組織との関係を明らかにしている。

(2)　オープン・システム・モデルの具体的展開として、環境の特質を一定の変数（たとえば課業環境の不確実性、技術のルーティン性など）で統一的に表示し、それとの関係で組織構造が示されている。それにより不確実性の高い課業環境の場合には有機的組織（行動科学における組織構造）が、逆に低い場合には機械的組織（伝統的組織論における組織構造）が、有効であることが明らかにされている。

したがって有機的組織・機械的組織を、不確実性やルーティン性などの変数との関係で示すことにより、行動科学・伝統理論がそれぞれ適用可能とされる状況が統一的に示される。こうしてコンティンジェンシー理論は、総合的な理論的枠組みを提示する。

(3)　コンティンジェンシー理論に対する全般的評価は、システム論の立場から諸理論の統合を達成する有力な方法であるとされている。また、現実の問題に適用できるように一般システム論の抽象性を緩和し、より具体化したものとしてコンティンジェンシー理論の必要性と有効性とが高く評価されている。

4　コンティンジェンシー理論の特徴

組織のコンティンジェンシー理論の特徴として、次の諸点があげられる。

(1) コンティンジェンシー理論においては、あらゆる状況に適用できる唯一最善の組織は存在しないとして「普遍主義的立場」を否定し、状況が異なれば有効な組織は異なるという。従来の経営理論においても、一定の条件下に（コンディショナルに、あるいはコンティンジェントに）理論を展開しているのが一般的である。しかし、コンティンジェントな考え方をとっているとはいえ、その適用される状況を明確に示していない。コンティンジェンシー理論は、組織は状況に適応しなければならないと強く主張している。

(2) コンティンジェンシー理論において、状況の特定化をはかる場合に、特定化の要因として何を取り上げるかによって、いくつかのタイプの理論モデルが成立する。すなわち、①環境、②技術、③規模、④その他の要因、たとえば文化や労働組合のタイプの違いなどを、状況を特定化する要因として組織構造との関係を明らかにしようとしている。

(3) 組織のおかれた状況を明確に示す場合、各種の状況を統一的に表示できることが理論構成のために必要である。そうでなければ、多数の状況ごとに対応する多数の組織構造が示されることになるからである。この点に関して、前述の①②③の理論モデルは、それぞれ環境の不確実性、技術、規模をもって組織の状況をとらえ、それと組織構造の対応関係に関する仮説を提示している。

(4) このような組織モデルは、状況を表す変数を統一的に示すために、それぞれの立場から各種の状況に対応した組織構造が構成されている。すなわち、環境の不確実性（ルーティン性）が高い場合には分権的な有機的組織構造が対応し、それが低い場合には集権的な機械的組織構造が対応する。したがってコンティンジェンシー理論においては、一定の変数で状況を統一的に表示することによって、それぞれの伝統的組織論と行動科学とによる命題を包含する総合的な理論的枠組みが提示されることになる。(5)

コンティンジェンシー理論は、環境と組織の関係を取り扱っており、オープン・システム・モデルを採用している。この点では伝統的組織論や人間関係論は、組織内の問題を分析するものであり、技術や環境要因を取り上げるものは例外的であった。

5 コンティンジェンシー理論の構造

コンティンジェンシー理論では、多くの環境要素が取り上げられているが、それが不確実性の問題に転換して考察されている。たとえば、労働組合や消費者の要求を取り上げても、それが課業の不確実性を高めるかどうかに焦点を当てて処理され、要求内容自体は取り上げられない。このように環境を、単に不確実性の観点からだけでなく、彼らの要求自体を反映した組織の設計が必要となる。

また理論的に、環境と組織構造との対応関係については、1つは、種々の状況と適合した有効な組織構造を明らかにする方法と、もう1つは、種々の状況のもとにみられる組織構造を明らかにする方法とがある。現実の組織は状況に適合しようとしているから、2つの方法は類似の結果を示す可能性が大きい。しかし、これらの区別は重要である。それは第一に、現実の組織はすべてが状況に適合的ではないし、第二に、前者は適合性を問題とし、後者は対応関係を明らかにするにとどまるからである。

ところで、適合性を問題とするとき、同じ状況下でも目的によって組織構造が異なるから、判断基準として組織の達成すべき目的が明示的に取り上げられることになる。さらに、環境については、不確実性という理論上の概念の操作化と、測定の方法についても問題とされる。

第5節　組織とコンフリクト理論

1　コンフリクトの意義

マーチ＝サイモンは、人間行動および組織行動を「人間および組織による連続した意思決定のプロセス」として理解する。そして、このような意思決定行動が正常に機能するときには、人間および組織は代替案を選択することができる。これに対して、意思決定のメカニズムが機能を停止するときは、意思決定を行うことが不可能になる。このような状態を、マーチ＝サイモンは、コンフリクト（conflict）という。

コンフリクトの概念は、社会学的には「自我と他者との闘争」という意味で用いられる。

ボールディング（K. E. Boulding）によれば、「コンフリクトとは、常に少なくとも2つの当事者の間の関係である」と定義している。この定義によれば、当事者が個人ないしグループであれば、個人ないしグループ間のコンフリクトとなり、当事者が組織であれば、組織間のコンフリクトを取り扱うことになる。したがって、この場合には個人内のコンフリクトは、考察外におかれることになる。

これに対して、コンフリクトの概念は、心理学的には「心理的葛藤」、いい換えれば「自我内部の闘争」という意味で用いられる。したがって、この場合のコンフリクトは個人の内部の心理的葛藤としてとらえられ、個人間、グループ間や組織間のコンフリクトは取り扱われないことになる。

マーチ＝サイモンは、意思決定の概念を用いることによって、こうした社会学的な概念と心理学的な概念とを統合する。すなわち、「コンフリクトという概念は、意思決定の標準メカニズムの機能停止に対して用いられ、それによって個人または集団が、代替案を選択するときに困難を経験することを意味する」と述べている。

これによって、個人の内部の心理的葛藤も不確実性のために意思決定に到達できない状態がコンフリクトであり、また個人ないしグループ間のコンフリクトも、目標の対立のために意思決定に到達できない状態をさしている。

2 コンフリクトの分類

マーチ＝サイモンは、コンフリクトを、それを経験する主体を基準にして、個人的コンフリクト（individual conflict）、組織的コンフリクト（organizational conflict）、組織間コンフリクト（inter-organizational conflict）の3つに分類する。

(1) 個人的コンフリクト

これは、個人が意思決定を行う際に経験するコンフリクトである。すなわち個人が、彼の意思決定目標を達成することができない状態である。この場合の個人の意思決定目標とは、純粋に個人的なものである。したがって、それは個人目標（personal goals）に相当する。個人目標は、組織目標（organization goals）とは必ずしも直接的な関連をもたない。

個人目標は、たとえば経済的収入とか、地位に対する欲求であり、さらに自己発現の欲求であったりする。したがって個人的コンフリクトは、個人がその目標を達成できないために経験する心理的葛藤を意味する。このため個人的コンフリクトの場合には、個人はコンフリクトの相手方をもたない。それは、いわば自我内部の闘争であることを1つの特色としている。

(2) 組織的コンフリクト

これは、組織的意思決定において経験するコンフリクトである。ここで組織的意思決定とはいっても、現実に意思決定を行うのは組織のなかの個人であるから、組織的コンフリクトというのは、厳密には組織のなかの個人が経験するコンフリクトを意味する。

この場合、「組織のなかの個人」とは単なる個人ではなく、組織目標を達成するために連続した組織的意思決定（organizational decision）を行う。そして、その意思決定目標は、組織の目標ないしその下位目標であり、その達成を志向する彼は「組織人格」（organizational personality）として行動する。これに対して、前に述べた個人的意思決定においては個人目標の達成を志向しており、「個人人格」（individual personality）として行動する。したがって、組織的コンフリクトは、組織人格によって経験されるコンフリクトであるということになる。

(3) 組織間コンフリクト

これは、労使関係にみられるように、独立した複数の組織の間に生じるコンフリクトである。組織間コンフリクトは、個人ないしグループ間の組織的コンフリクトとは異なる。すなわち、個人ないしグループ間の組織的コンフリクトの場合、それを経験する複数の組織人格、複数の下位集団は、ともに単一の上位組織に所属する部分組織である。

これに対して組織間コンフリクトの場合には、それを経験する複数の組織は独立の存在であり、それらは共通の上位組織をもたない。その意味で、組織間コンフリクトは独立した複数の組織間に生じるものである。マーチ＝サイモンによれば、組織間コンフリクトの例として、「労使の団体交渉」や「寡占市場における企業間の対立」などがあげられている。

3　コンフリクトに対する適応行動

コンフリクトが知覚されると、そのコンフリクトを解消しようとする適応的行動がとられる。マーチ＝サイモンによれば、組織は次の4つのプロセスで組織的コンフリクトに反応するという。

(1)　**問題解決**（problem-solving）
(2)　**説　得**（persuasion）
(3)　**交　渉**（bargaining）
(4)　**政治的画策**（politics）

組織が、第一の「問題解決」によってコンフリクトに反応するのは、目標が共有されている場合である。この場合には、共通の目標基準を満たす代替案を発見することが問題解決となり、それによってコンフリクトは解消する。

第二の「説得」が使用されるのは、組織の各メンバーないし各部門の目標は組織内部で異なっているが、その目標は固定的なものではないと考えられる場合である。これは、下位目標の段階で異なっているのであって、上位の段階での目標は共通している場合である。この場合には、説得の方法を用いることによってコンフリクトの解決がはかられる。

第三の「交渉」が使用されるのは、部門間の目標の相違が固定的である場合である。したがって交渉は、双方の目標を異にしながら合意に達することによって、コンフリクトの解消がはかられる。

第四の「政治的画策」は、交渉の場合と同様にグループ間に目標の対立がある場合であるが、交渉の場が当事者にとって固定的とは考えられていない点に特色がある。たとえば、小勢力の大勢力に対する基本的な戦略は、互恵的な関係を築くことではなくて、潜在的な同盟者を引き入れることによって、自己の勢力を拡大することである。

第6節　システム論的組織論

1　システムの概念

近代組織論の特徴の1つは、システム的組織論といわれることである。すなわち近代組織論では、組織は1つのシステムであるといわれる。バーナードによれば、「組織は、つねに調整された人間行動の客観的なシステムである」という。人間の行動を1つのシステムとするものは、異なった個人の行動が調整されていることである。

諸活動が一定の方法で調整された関係を、システムということができる。システムは、各部分が一定の方法で関連しあった全体である。各部分の関係は、一定の目的を達成するために一定の方式で規定されている。そこで、1つの部分の他の部分に対する関係が変化すれば、全体であるシステムにも変化が生じ、新しいシステムに変化する。

組織はこうしたシステムであり、その全体は一定の状態に膠着しているものではない。1つの部分に変化が生じ、他の部分との関係に変化を生じることによって、全体であるシステムは新しいシステムに変化していく。このような組織の動態概念が、近代組織論の特徴となっている。

次に、組織は1つの全体であるシステムであるが、組織は、企業という「協働システム」の1つの部分を構成している。企業システムは、組織のシステムのほかに、生産システム、営業システムや財務システムからなる1つの全体システムである。組織は、「企業システム」の1つの下位システムであるが、中核的な下位システムである。

複雑な組織では、多数の単位組織という下位システムからなる1つの全体システムを、それ自身で形成している。そして全体は、各部分の単純な総和以上のものであり、部分に内在しなかった特性がシステムにおいて創造される。すなわち、組織は1つのシステムであるから、組織自体が価値の創造機能をもつという基本概念が生ずることになる。

2　オープン・システムとしての組織

近代組織論では、組織は、環境との間に人や物や情報の流れを交換する「解放システム」

として、組織を1つのオープン・システム（open system）とみる。

オープン・システムとは本来、植物、動物や人間の身体などの生物システム、ないし有機体を説明するモデルである。生物システムは、環境から断絶しては生存することができない。環境は、システムの内部にいろいろな影響を及ぼし、システムはまた、環境に影響を及ぼしている。システムと環境との間に相互作用があることが、オープン・システムの特徴である。

伝統的組織論では、組織は硬直的な構造をもち、環境から断絶されたクローズド・システム（closed system）としている。近代組織論では、組織は環境に適応するために目的を変え、あるいは短期的には環境からの情報のフィードバックによって行動のコースを修正しながら、企業の目的を達成していくオープン・システムとしている。

企業は、オープン・システムとして、企業を取り巻く外部環境から原材料、労働力、さらには情報などがインプットされ、これらを変換し製品の形でアウトプットを外部環境に産出する。そして企業は、外部環境から製品と交換に貨幣を獲得するという交易関係をつうじて、インプット—アウトプットの変換過程を反復して生存している。

オープン・システムの環境適応のメカニズムは、生態均衡（homeostasis）の概念によって説明される。すなわちオープン・システムが生存するためには、システム内部の各部分の間の均衡を維持することが必要である。ところが環境の変化の影響によって、システムの内部に不均衡の状態が生ずると、システム内部の自律調整（self-regulation）の機能が働くことによって、もとの均衡状態を回復して生存を続ける。

クローズド・システムを前提としている伝統的組織論は、組織の内部構造について静態的分析を行う組織の静態論である。これに対して現代経営組織論は、オープン・システムの概念を組織に適用することによって、組織と環境との相互作用や環境適応の動態を分析する組織の動態論である。

3　有機的システムとしての組織

組織には、伝統的組織論における機械的システム（mechanistic system）と、近代組織論における有機的システム（organic system）との2つのタイプがある。こうした2つの組織モデルの相違は、次のとおりである。

組織の硬直性と伸縮性　機械的システムでは、職能別専門化が行われ、各人の細分化された職務、権限が詳細に規定化されている。しかし各人は、企業または部門全体の目的には無関心であり、割り当てられた職務を遂行しているにすぎない。そのため組織は、環境の変化に硬直的である。これに対して有機的システムでは、各人の職務、権限は明確に規定化されていないが、企業または部門全体の目的の達成のために、各部門または各人の間で有機的な協働が行われる。したがって組織は、環境の変化に伸縮的である。

タテの関係とヨコの関係　機械的システムでは、長と部下のタテの関係が重視される。長は命令し、部下は命令を実行して長に報告する。情報や業務もタテの関係で動いている。これに対して有機的システムでは、組織は問題解決的な志向をもって行動する。環境の変化から生ずる問題の解決のために、各部門の間で協力が行われる。そのために、情報や業務はヨコの関係で動く。長と部下の関係も、相談と助言の関係であり相互作用が行われる。

職位の権限と知識・能力の権限　機械的システムでは、職位の権限が尊重され、意思決定は固定化した職位の権限によって行われる。これに対して有機的システムでは、適切な知識・能力をもつ人によって問題が解決される。すなわち、知識の権限が活用される。意思決定には、管理の階層の違いは問題にされない。環境の変化によって問題は変わるから、各人の職務や権限は流動的である。

問題解決のレベル　機械的システムでは、対立が生じたとき上級の管理者によって対立が調整される。したがって、下位レベルでの問題解決の責任は回避されて、上級の管理レベルに上申される。これに対して有機的システムでは、下位レベルの関係者の間で自主的に対立的な問題の解決をはかる。したがって問題解決は、専門的な知識に基づいて行われる。

4　生存可能システムとしての組織

システム論的組織論における組織の概念として、生存可能システムとして組織を考える立場がある。ビーア（S. Beer）によれば、企業組織は平板で静的な実体ではなく、「動的で生存し続けるシステム」であるとしている。すなわち、企業の究極の目的を生存におき、生存可能な組織構造を「生存可能システム・モデル」（viable system model）として展開している。

ビーアは、生存可能システム・モデルを展開するに際して、効果的組織の科学（sciences of effective organization）として、サイバネティクス（cybernetics）を位置づけている。これは、ウィーナー（N. Wiener）によって創始されたもので、彼によればサイバネティクスは「動物および機械における制御とコミュニケーションの科学」であるとしている。

ここで研究対象とされる複雑なシステムは、環境からの予知できない攪乱に対して適応しながら発展し、生存を続けるシステムである。こうしたシステムを、一般に生存システムという。このようなシステムには、自己制御（self-control）、あるいは自己調整（self-regulation）の機能が要求される。こうした制御の理論が、サイバネティクスである。この生存可能システムについては、第11章において詳述する。

第3章
ネットワーク組織

ネットワーク組織は伝統的な組織ではなく、近代的組織で現れる柔軟で水平的なつながりを持つ組織のことで、情報技術の進化とグローバル化によって進化した組織形態である。異なる地理的な位置にある個々の部門やメンバーが、情報通信技術を活用して連携し、協力して目標を達成することができるスタイルとなっている。

マトリックス組織は、職能別組織とプロジェクト組織を組み合わせた組織形態である。職能別組織は、特定の職能に従事する従業員を集約した組織で、プロジェクト組織は、特定のプロジェクトを遂行するために集められたチームである。マトリックス組織では、従業員は職能別組織とプロジェクト組織の両方に所属し、両方の組織から指揮を受けることになり、メリットとして、柔軟性、効率性、専門性の向上、コミュニケーションの活性化があげられる。一方でデメリットは、複雑さ、権限の不明確さ、コミュニケーションの混乱が生じるなど指摘することができる。マトリックス組織のメリットとデメリットを克服する組織形態としてメリットを最大限に活かしながら、デメリットを最小限に抑えることで、ネットワーク組織の重要性が組織発展のうえで指摘できる。

マトリックス組織は、現代の企業で広く採用されているプロジェクト型の組織特性を持ち合わせるため柔軟に変更できることを意味する。プロジェクトを効率的に遂行できるとしている。伝統的組織の特徴の1つに中央集権的な階層型組織がある。そこでは情報が上から下へと一方向に流れるため、情報伝達や意思決定に時間がかかる。しかし、ネットワーク組織では、情報共有やコミュニケーションが容易に行われるため、迅速な意思決定とアクションが可能となるのが特徴としている。

したがって、ネットワーク組織は、従来の階層型組織とは異なり、組織内の各部署やメンバーが、プロジェクトや課題ごとに柔軟に連携して活動する組織形態となり、縦割りの弊害を解消し、迅速かつ柔軟な対応を実現するため、現代のビジネス環境において、ますます重要性を増しているといえよう。組織環境はますます複雑化・多様化しており、そのため迅速かつ柔軟に対応できる組織が求められている。ネットワーク組織は、このような環境に適した組織形態であり、企業の競争力強化に貢献することができる。

マネジメントでは表向きでは一連の業務命令によって進んでいくが、近年では、誰が誰とコミュニケートしているのかを捉えたものとして、表面には現れないネットワークが組織の成功に重要な役割を果たすことが明らかになってきた。このような組織ネットワークのネットワーク図を正確に作成することによって、重要な部門間に相互作用の欠如が明らかになり、異なる部門や製品を統合するに当たって重要なプレイヤーを見つけることが可視化できるようになった。その結果、高度な経営判断が組織的問題を診断する助けとなってきた。さらに加えて、伝統的組織論から発展した人間関係論のメーヨーらが主張した従業員の生産性は非公式の組織ネットワークによって決まるとする研究成果も増えてきている。(注1)

第1節　ネットワーク組織の特徴

ネットワーク組織の特徴の1つとして迅速な変化や競争の激しい環境に、より効果的に順応する組織という近代的な視点があり、それは以下のような条件を共有している。

柔軟性と適応性　環境の変化に対して素早く柔軟に対応できる能力が重要である。組織は新しい要件や市場動向に迅速に対応し、必要な変更を行うことが求められる。

イノベーションと創造性　新しいアイデアを生み出し、革新的な取り組みを行うことが大切となる。組織は常に進化し、競合他社との差別化を図るために創造的な戦略を取り入れる必要がある。

ビジョンと共有の理解　クリアなビジョンをもち、それを組織全体で共有し、理解することが極めて重要となる。ビジョンに共感することで、メンバーは自発的に行動し、組織の目標に沿った活動を好むようになる。

リーダーシップの質　優れたリーダーシップは組織の成功に不可欠。リーダーはビジョンを明確に伝え、チームを鼓舞し、目標を達成するための方向性を示す必要がある。

情報共有とコミュニケーション　メンバー間の効果的なコミュニケーションと情報共有がスムーズに行われる組織は、迅速な意思決定と協力が不可欠となる。

プロセスの効率化　組織内のプロセスを見直し、効率化することで、時間とリソースの浪費を最小限に抑える必要がある。

能力とスキルの開発　競争の激しい環境では、組織メンバーの能力とスキルの向上が求められる。継続的なトレーニングや学習の機会を提供し、個人の成長を支援することが必要。

顧客志向　顧客のニーズを理解し、顧客に価値を提供することを重視することで、競争力を維持し、顧客の信頼を得ることができる。

アジャイルなアプローチ　アジャイルなプロジェクト管理や意思決定を導入することで、変化に適応しやすく、迅速な成果を上げることができる。

これらの特徴をもつ組織は、市場の要求や競合他社の動向に効果的に対応し、成果を上げることができるとしている。ただし、これらの特徴は単一の要素ではなく、組織全体の文化や運営に根付いていることが求められる。

全般的に捉えると、ネットワーク科学の道具は組織内の生産性を増幅させイノベーションを加速するための、マネジメント能力や事業において必須のものとなっている。(注2) その特徴には以下のものがあげられる。

フラットな階層構造　伝統的なピラミッド型の組織階層ではなく、フラットな組織構造をもつ。このため、組織内の個々のメンバーがより自律的に行動できるようになる。

分散化された意思決定　意思決定が中央集権的なトップダウンの手法ではなく、分散されたレベルにもたれるようになる。情報が迅速に共有されるため、地域ごとや部門ごとに適切な判断ができるようになる。

コラボレーションと情報共有　ネットワーク組織では、部門や個人間のコラボレーションが重要視される。情報共有が円滑に行われるため、異なる部門や地域間での連携が強化される。

テクノロジーの活用　情報技術を活用したコミュニケーション・プラットフォームやコラボレーション・ツールが利用される。これにより、遠隔地のメンバーとも簡単にコミュニケーションをとることができるようになる。

プロジェクトの重視　ネットワーク組織では、プロジェクトチームを中心とした活動が多くなる。そのためプロジェクトごとに適任のメンバーが集まり、目的に向けて協力して取り組むことが一般的となる傾向がある。

パートナーシップ　ネットワーク組織は、他の組織や企業とのネットワークを通じたパートナーシップを重視する。外部の専門知識やリソースを活用し、柔軟な連携関係を築くことで、組織の強みを最大限に引き出す。

ネットワーク組織は、イノベーションや迅速な意思決定が求められる環境で効果を発揮する。しかし、効果的なコミュニケーションと協力が不可欠なため、組織内の信頼関係とコミュニケーション能力の向上が求められる。ゆえに、迅速な変化や競争の激しい環境において効果的な活動が期待されていると共に、組織内のコミュニケーションや調整が適切に行われない場合には、一体感の欠如、意思決定が混乱するという両刃の剣の可能性がある。

第2節　ネットワーク組織とグラフ理論

グラフ理論はネットワークの数学的なモデリングや解析を行うための枠組みのことで、ネットワークの頂点（ノード）と辺（エッジ）の集合として表現する。ノードは個々の要素やエンティティのことで、エッジはそれらの要素間の関係や接続を意味する。たとえば、ソーシャル・ネットワーク上の友好関係、物流ネットワークの物流のフロー、コンピュータ・ネットワークのデバイス間通信などがグラフ理論を用いてモデル化されることになる。

このようなネットワーク組織は、伝統的組織論では取り扱えないばかりか、柔軟で水平的なつながりをもつ近代的な組織の代表として表出したものである。これはネットワークのつながりをもつ組織であると捉えることで理解できる。このためネットワーク組織では、情報技術を活用したコミュニケーションや情報共有が重要視され、部門や地域間の連携が強化されていると理解できる。

グラフ理論は、ネットワーク組織の分析や最適化に適した理論である。ネットワーク組織をグラフとしてモデル化することで、異なるノード（メンバー、部門、プロジェクトなど）

の関係や結びつきが理解でき、ネットワーク内での情報の流れや効率的な意思決定などを評価可能となる。また、グラフ理論のアルゴリズムや手法を用いて、ネットワーク組織の効果的な運営や組織構造の改善に役立てることが可能となる。

たとえば、ネットワーク組織のなかで重要な役割を果たしている中心的なノード（キーメンバー、コアチームなど）を特定するために、グラフ理論に基づくネットワーク解析が行われることがある。ネットワークのつながりや相互作用を可視化することで、組織内の情報のフローを理解し、意思決定のプロセスやコラボレーションの改善に活用することができる。

このようにグラフ理論はネットワーク組織の理解と最適化に重要なツールとして活用できる。グラフ理論の基礎的な概念を整理すると以下のようなものがある。

頂点（ノード）　グラフ内の個々の要素を頂点とよぶ。頂点は、ネットワーク組織では個人、部門、プロジェクトなどとして表す。

辺（エッジ）　頂点間の関係や接続を辺とよぶ。辺は頂点間のつながりを示し、ネットワーク組織では個人間のコミュニケーションや協力関係を表す。

有向グラフと無向グラフ　グラフ理論では、辺に方向性がある有向グラフと、辺に方向性がない無向グラフの2つのタイプがある。有向グラフでは、辺に向きがあり、AからBへの結びつきとBからAへの結びつきが異なる場合がある。無向グラフでは、辺は単純に頂点間の関係を示すだけで方向性はない。

重み付きグラフ　辺に重み（Weight）という値をもたせることができる。重みは辺の強度や距離を表すために使用される。たとえば、交通ネットワークでは道路間の距離や時間を重みとしてもたせることができる。

経路（Path）　グラフ内の頂点と辺をたどって移動した経路を表す。頂点Aから頂点Bまでの経路は、辺の連続で表される。

グラフの連結性　グラフ内の任意の2つの頂点間に経路が存在する場合、グラフは連結しているという。連結性はネットワーク組織において、メンバーや部門間の相互作用や情報の流れを表現するのに重要な概念である。

グラフ理論ではさまざまなネットワーク組織の解析や最適化に応用することができる。その際、図3－1のような視点が用いられる。これら4つのネットワークは、多くのリンクが重複し（ある同僚は友人であり、親密な関係にあるなど）、ネットワークの使われ方や目的が同一視されないことがある。

グラフ理論のネットワークは、たとえば、ジョンをジョンと、メアリをメアリなどのように同じファーストネームをもつ人同士を結びつけ、ネットワーク科学の道具立てによってその性質を解析できるから実質的に意味がない場合がある。当然そのようなネットワークの利用には疑問がある。あるシステムにネットワーク理論を適用するため探索しようとする問題にとって意味をもつように、何をノードとし、リンクとするかに注意を払う必要があるとい

図3－1「異なるネットワークであるが，同じグラフとなるもの」

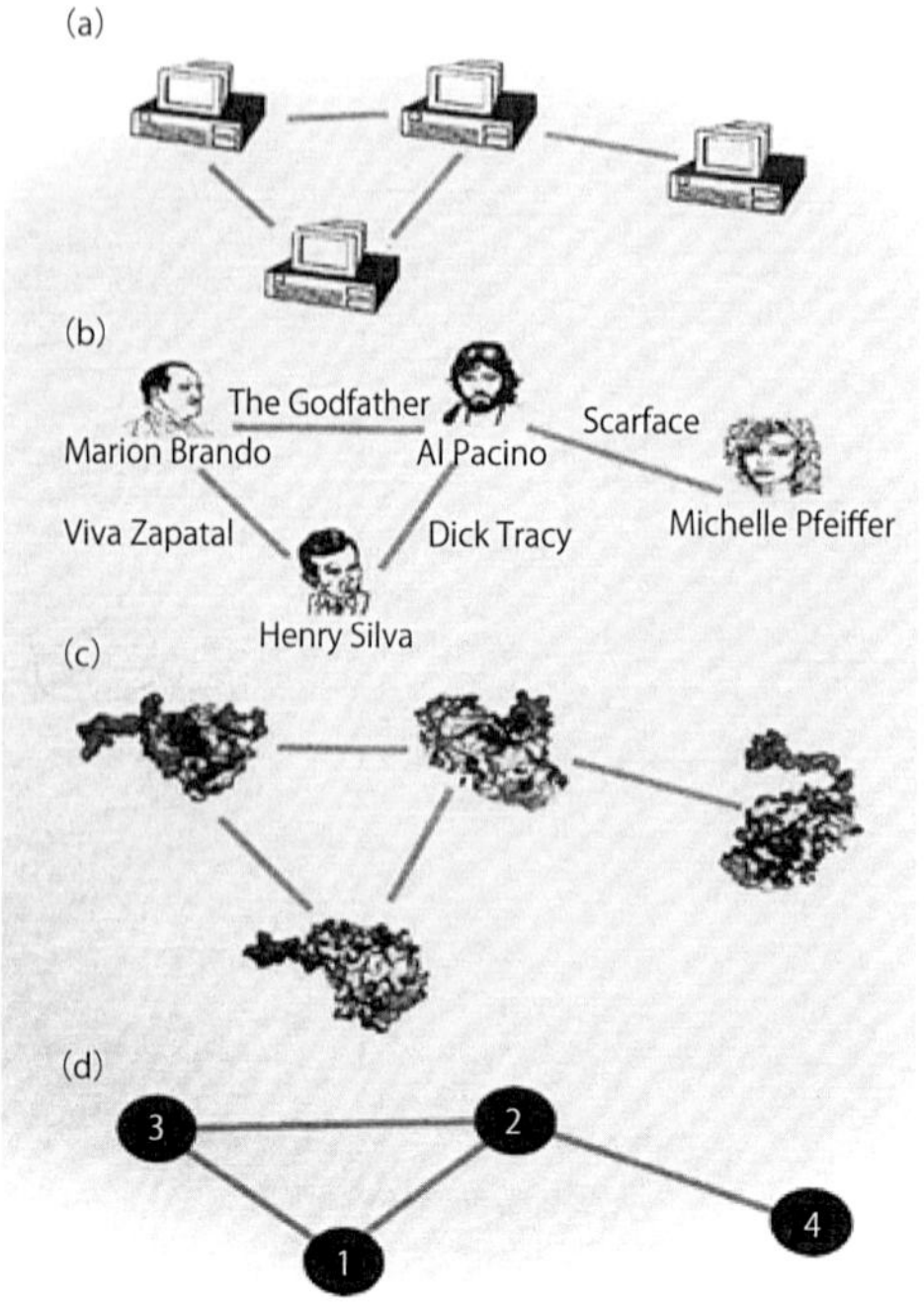

(a) ルーターによって結ばれる相互接続されたネットワーク

(b) 同じ映画に出演した2人の俳優が結ばれているネットワーク

(c) タンパク質の相互作用ネットワーク

(d) (a) ～ (c) のノードとリンクは異なるが，(c) のネットワークは細胞内において互いに結びつく2つのたんぱく質にリンクが張られることでノードとリンクの性質が示され，それはN=4のノードとL=4のリンクによって構成される同グラフである

出所：A.-L. Barabási, Network Science, 2016. 池田裕一他監訳，京都大学ネットワーク社会研究会訳『ネットワーク科学』共立出版，2019年。

(a) 仕事上，定期的に相互交流する人を結びつけることで得られる組織ネットワークである。そのネットワークは組織が成功する上で鍵となる役割を担うだけでなく，組織研究での重要な視点を与える。
(b) 友人が結びつくことで友人関係ネットワークが得られる。そのネットワークは考え方，製品，習慣が人々の間に拡散する上で重要な役割を担い，社会学，マーケティング，そして健康科学にとって重要な視点を与える。
(c) 親密な関係にある個人を結びつけることによって友好的ネットワークが得られる。そのネットワークは友好関係を通じて広がるウイルスなどの感染症に見られる感染症学において重要な視点を与える。
(d) 電話や電子メールで結びつけられる知人，仕事上の関係など，その履歴を用いることによってネットワークが得られる。そのネットワークは職場関係，友人関係または恋愛関係などのリンクが一緒になったものであり，通信やマーケティングにとって重要である。

えよう。

第3節　グラフ理論における次数、平均次数、次数分布

ノードのもつ重要な性質の1つは次数であり、他のノードへと向かうリンクの数を示している。次数はある人が携帯電話で発信をした回数（すなわちその人が通話した人数）、あるいは、論文においては、その論文が引用された回数をさす。

1　次数

あるネットワーク内における i 番目ノードの次数を k_i とする。たとえば、図3－1によって示された無向ネットワークは、$k_1=2$, $k_2=3$, $k_3=2$, $k_4=1$ となる。無向ネットワークでは、全リンク数 L はノードの次数の合計として

$$L=\frac{1}{2}\sum_{i=1}^{N}k_i \quad (3\cdot1)$$

と表される。ここで因子1／2は、式（3・1）の和においてそれぞれのリンクが2回カウントされていることを補正している。

たとえば、図3－2においてノード2とノード4とを結ぶリンクは、ノード2（$k_2=3$）

図３－２

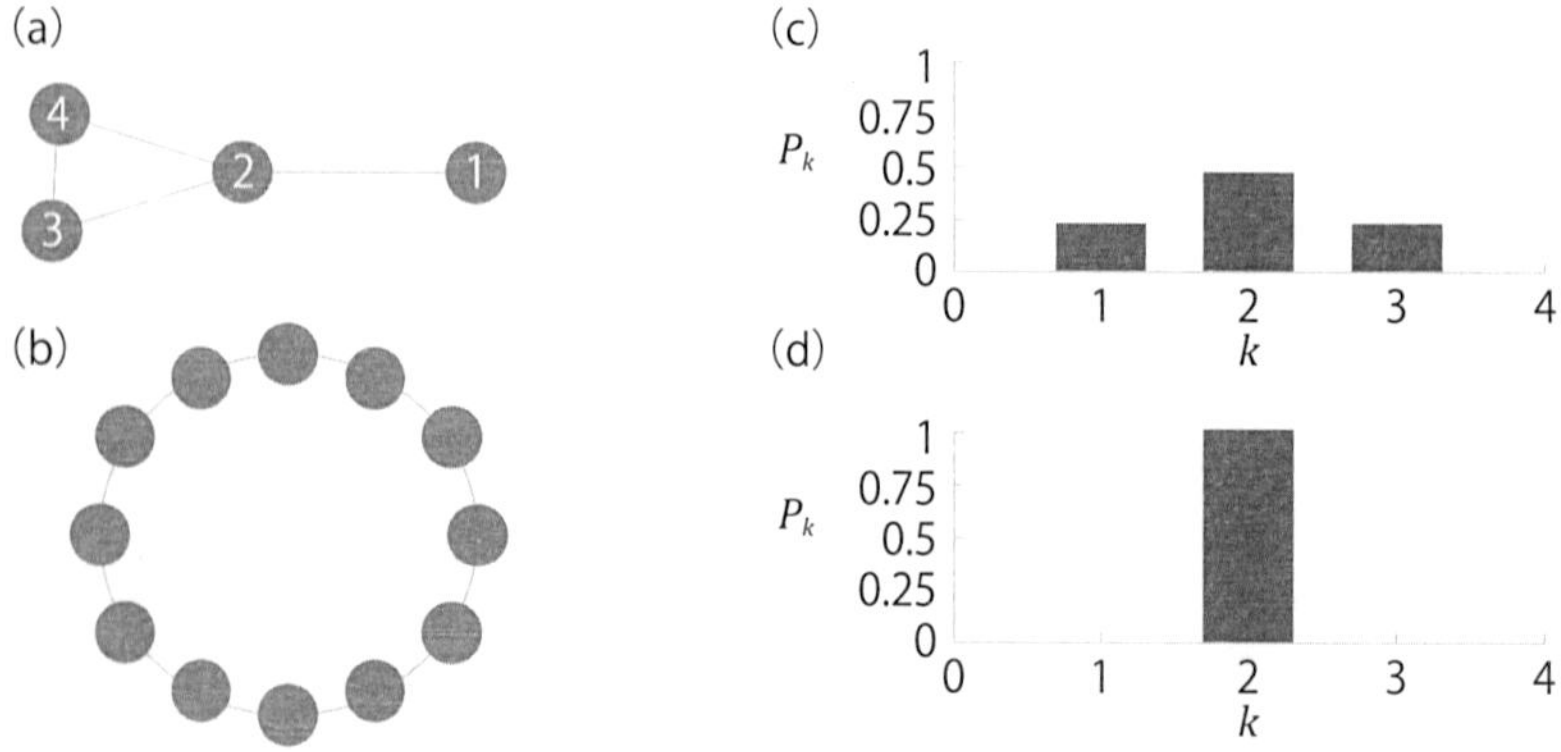

出所：A.-L. Barabási, Network Science, 2016. 池田裕一他監訳，京都大学ネットワーク社会研究会訳『ネットワーク科学』共立出版，2019年。

の次数として、そしてノード４（$k_4=1$）の次数とし2回カウントされる。

２　平均次数

ネットワークのもつ重要な性質の１つに平均次数がある。無向ネットワークでは

$$\langle k \rangle = \frac{1}{N}\sum_{i=1}^{N} k_i = \frac{2L}{N} \quad (３・２)$$

で与えられる。有向ネットワークでは、ノードに向かうリンクの数である入次数、k_i^{in}と、ノードiから他のノードに向かうリンクの数である出次数k_i^{out}を区別する。次数k_iは

$$k_i = k_i^{in} + k_i^{out} \quad (３・３)$$

と与えられる。たとえば、ＷＷＷではあるウェブ文書からリンクを張っているドキュメントの数が出次数であり、そのウェブ文書に向けてリ

ンクを張っているドキュメントの数が入次数である。有向ネットワークによる総リンク数は

$$L=\sum_{i=1}^{N}k_i^{in}=\sum_{i=1}^{N}k_i^{out} \quad (3・4)$$

である。式（3・1）における因子1／2は見られない。有向ネットワークでは、式（3・4）におけるそれぞれの合計は出次数と入次数を区別してカウントしているからである。有向ネットワークの平均次数は

$$\langle k^{in}\rangle=\frac{1}{N}\sum_{i=1}^{N}k_i^{in}=\langle k^{out}\rangle=\frac{1}{N}\sum_{i=1}^{N}k_i^{out}=\frac{L}{N} \quad (3・5)$$

で与えられる。

3　次数分布

次数分布P_kは、ネットワークにおいて無作為に選ばれノードが次数kをもつ確率を与える。P_kは確率であるので規格化されており

$$\sum_{k=1}^{\infty}P_k=1 \quad (3・6)$$

を満たす。ノード数Nのネットワークでは、次数分布は規格化された度数分布であり、

図3－3

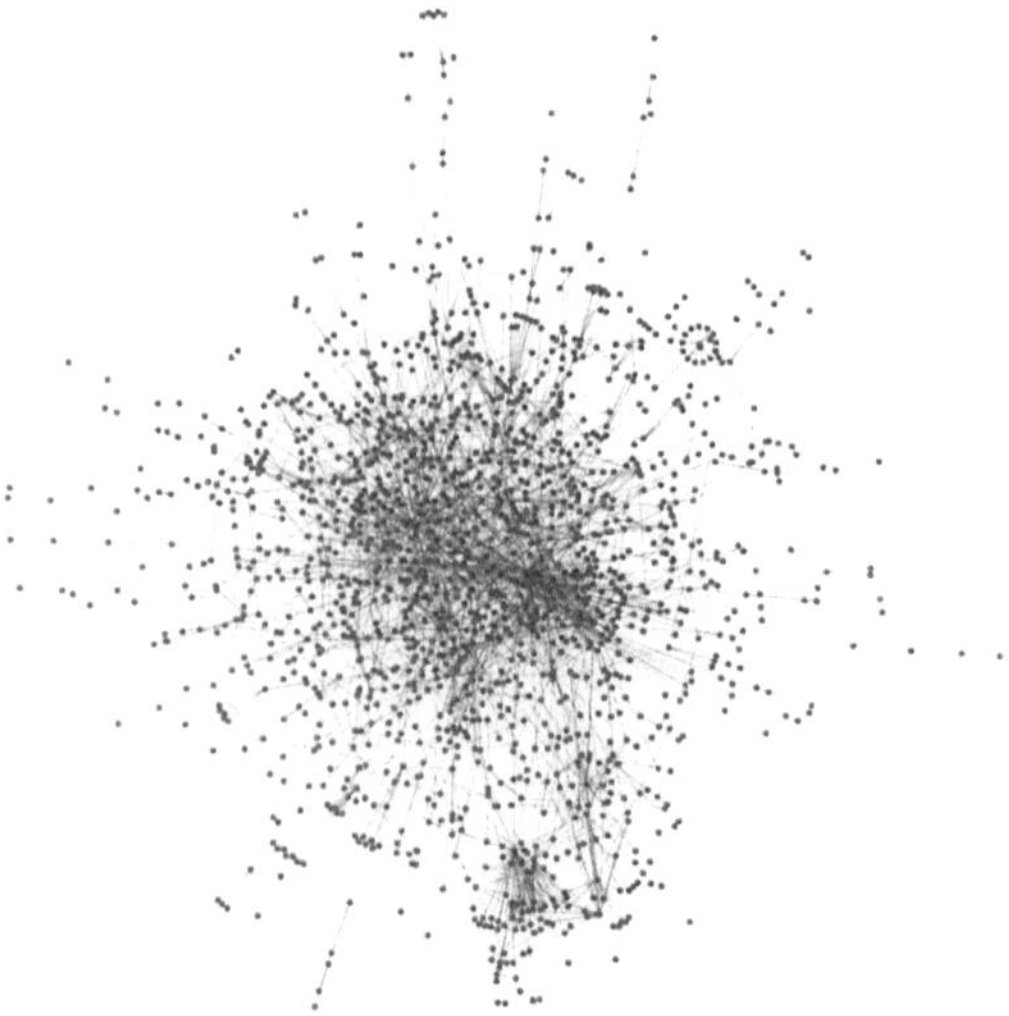

出所：A.-L. Barabási, Network Science, 2016. 池田裕一他監訳，京都大学ネットワーク社会研究会訳『ネットワーク科学』共立出版，2019年。

$$P_k = \frac{N_k}{N} \quad (3・7)$$

で与えられる（図3－3）。

ここでN_kは次数がkのノード数である（図3－4）。したがって、次数kのノード数は次数分布P_kを用いて$N_k = NP_k$のように得ることができる。次数分布はネットワーク理論のなかで中心的な役割を担い、スケールフリー・ネットワークの発見につながった。(注3) その理由は、ネットワークの性質を計算するためにはほとんどの場合P_kを知る必要があることにある。たとえば、あるネットワークの平均次数は

$$\langle k\rangle = \sum_{k=0}^{\infty} kP_k \quad (3・8)$$

となる。また、P_kの正確な関数の形が

図３－４

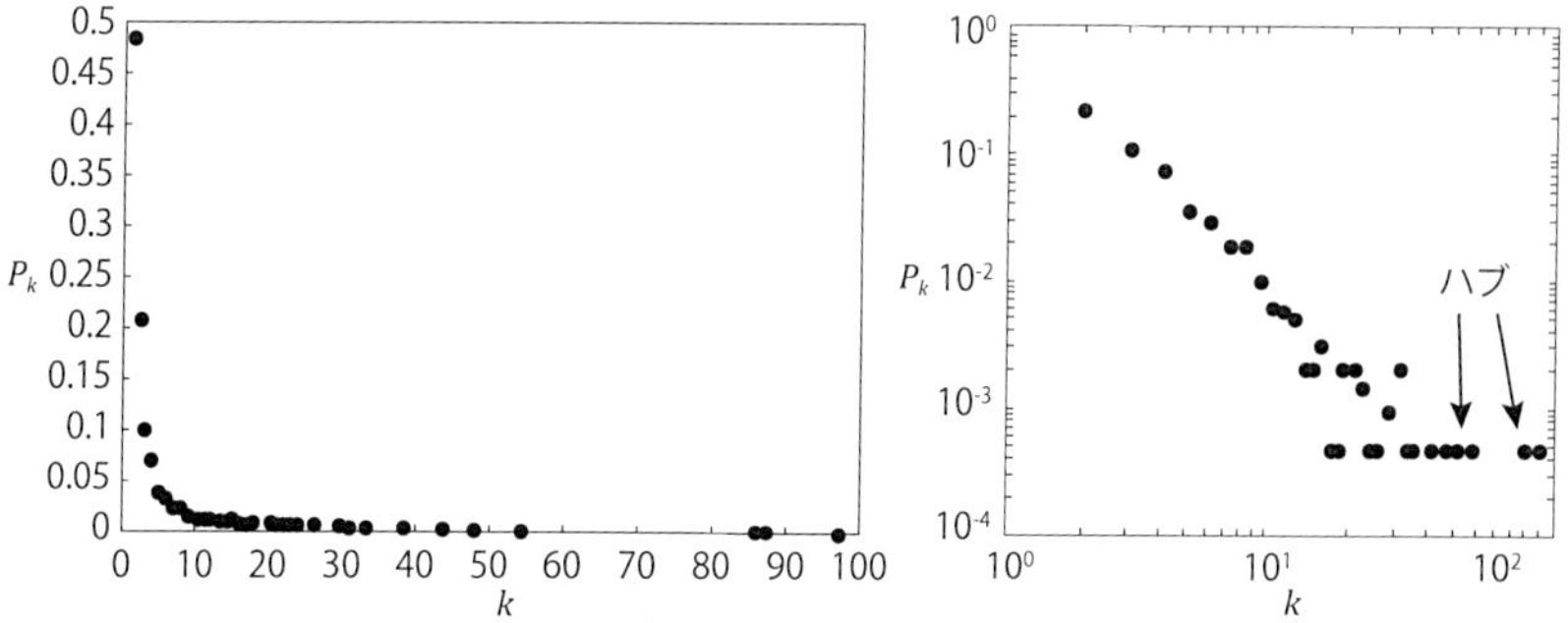

出所：A.-L. Barabási, Network Science, 2016. 池田裕一他監訳，京都大学ネットワーク社会研究会訳『ネットワーク科学』共立出版，2019 年。

ネットワークの頑健性からウイルスの拡散まで、多くのネットワークの性質を決定づけているからである。図３－３の現実のネットワークにおける次数分布では、多くの現実のノード次数は広い範囲を取りうる。

(a)酵母のたんぱく質相互作用の各々のノードは酵母のたんぱく質に対応し、リンクは実験によって発見された結合関係に対応する。下部に示されるたんぱく質は自己ループをもち、k=2となる。

図３－４のように図３－３で示されたたんぱく質の関係性のネットワークの次数分布。観察された次数の幅はk=0（孤立したノード）からk=92（最大の次数をもち、ハブとよばれる）まで幅広い。それぞれの次数をもつノードの数についても大きい幅がある。約半数のノードが１の次数をもつ（例：P_1=0.48）一方で、最大のノードはたった１つしかない（例：P_{92}=1/N = 0.0005）。また、次数分布は

いわゆる両対数グラフでしばしば示され、$\log_k$ に対する $\log_{p_k}$ の値をプロットするか、あるいは、図3－4の右側のように縦に対数軸を用いる。

ネットワーク組織は、伝統的な縦割りの組織構造ではなく、柔軟で水平的なつながりをもつ組織のことをいう。それは情報技術の進化とグローバル化によって促進された組織形態であり、異なる地理的な位置にある個々の部門やメンバーが情報通信技術を活用して連携し、協力して目標を達成するスタイルを採用している。

ネットワーク組織の理論はグラフ理論の概念に似ており、個々のメンバーや部門が頂点、相互の関係や協力が辺に相当する。とくに、情報共有やコミュニケーションが容易に行われるため、迅速な意思決定とアクションが可能となるため、変化の激しい環境や競争の激しい市場で効果的であり、多様な専門知識やリソースを活用して目標を達成することが求められる場合に適しているといえよう。

第4節　メトカーフの法則とネットワーク組織の関係

ネットワーク組織ではメトカーフ（R. M. Metcalfe）が提唱した法則をとりあげる。メトカーフの法則は、ネットワークの価値がそのネットワークに参加しているノード（メンバー、ユーザーなど）の数に比例するという考え方をいう。つまり、メトカーフの法則は、

「ネットワークの価値は、ネットワークに参加しているノード数の二乗に比例する」という法則である。

この法則は、ネットワークの効果的な拡大によってネットワーク全体の価値が指数関数的に増大することを示す。それは新しいノードがネットワークに参加することで、既存のノードとの相互作用が増加し、ネットワーク全体の利益が拡大するという考え方につながる。

図3－5

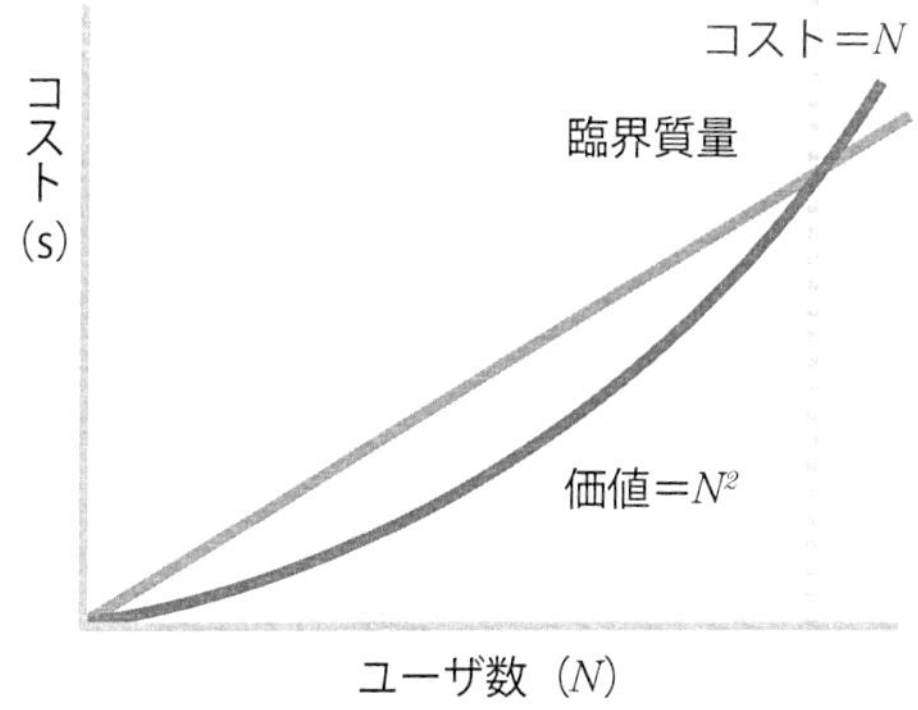

出所：A.-L. Barabási, Network Science, 2016. 池田裕一他監訳，京都大学ネットワーク社会研究会訳『ネットワーク科学』共立出版，2019年。

そのためネットワーク組織では、メトカーフの法則が重要な意味をもつとしている。ネットワーク組織が成長していく過程で、新しいメンバーや部門が加わることで、情報共有やコラボレーションが増加し、組織全体の効率や創造性が向上する。また、ネットワーク組織が外部との連携やパートナーシップを強化することで、新たな知識やリソースを取り入れることができるとしている。

しかし、メトカーフの法則はネットワーク組織に対してただ自動的に有益なものではない。適切なコミュニケーションとリーダーシップがなければ、ネットワーク内での情報の共有や相互作用が十分に行われず、価値の拡大が実現されない可能性がある。したがって、ネットワーク組織においては、適切な管理とリーダーシップが必要とされる。適切な組織文化やコミュニケーション環境を整えることで、メトカーフの法則に基づいた効果的なネットワーク組織の構築が可能となる。

第5節　ネットワーク組織とスモールワールド

ネットワーク組織は、スモールワールド（Small World）と密接な関係がある。スモールワールドは、グラフ理論の一分野であり、ネットワーク組織においても共通する特性をもつネットワーク構造の1つである。スモールワールドは、次のような特徴をもっている。

ショートパス性（Short Path Length）　スモールワールドでは、任意の2つのノード間の最短経路（ショートパス）が非常に短い場合がある。つまり、ノード間の接続が直接的ではなくても、比較的少ないステップで目的のノードに到達できるのである。この特性により、情報の迅速な伝達や連携が可能となる。

クラスタリング係数（Clustering Coefficient）　スモールワールドでは、隣接するノード同士が集まってクラスタを形成する傾向がある。クラスタリング係数は、ネットワーク内のノードがどれだけクラスタを形成しているかを示す指標で、高いクラスタリング係数はネットワーク内での相互作用の強化を意味する。
また、ネットワーク組織では、スモールワールドの特性が望まれると、次のような特性も現れる。

情報共有と迅速な連絡　スモールワールドは情報の迅速な伝達に適しているため、ネットワーク組織において情報共有や連絡が円滑に行われることが期待できる。

クラスタリングとコラボレーション　スモールワールドにおけるクラスタリングは、組織内のコラボレーションと相互作用を促進する。近くにいるメンバー同士が協力しやすくなることで、組織全体の創造性や生産性を高めることができる。

こうしたネットワーク組織は、情報技術の進化やグローバル化によってスモー

図3－6

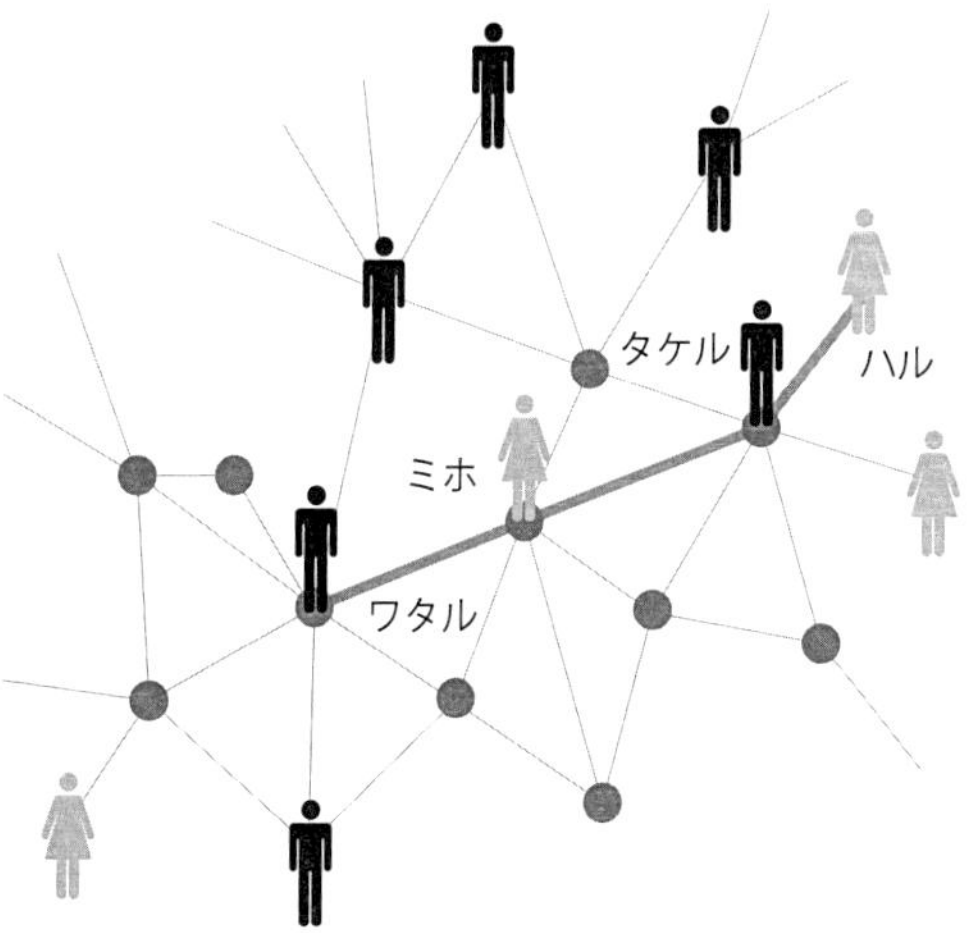

出所：A.-L. Barabási, Network Science, 2016. 池田裕一他監訳，京都大学ネットワーク社会研究会訳『ネットワーク科学』共立出版，2019年（著者一部変更）。

ルワールドの特性をより具現化しやすい。離れた場所にいるメンバーともリアルタイムでコミュニケーションを取ることが可能となり、ネットワーク組織全体の効率や柔軟性が向上する。ただし、スモールワールドでも、適切なコミュニケーションの確保や情報の適切なフィルタリングが重要であり、ネットワーク内のノード間の信頼関係の構築が求められる。

図3－6では、6次の隔たりとは、世界のどこにいる2人であっても6人以下の知り合いを介してつながっている、ということである。たとえば、ハルはワタルと直接の知り合いでなくても、タケルとは知り合いであり、タケルはミホを知っており、ミホはワタルを知っているとしよう。この場合は、ハルはワタルとは、2人の知り合いを介している。すなわち、2次の隔たりということになる。ネットワーク科学の言葉では、スモールワールド性ともよばれる6次の隔たりは、ネットワーク内の任意の2つのノード間の距離は思いもよらないほど小さいということを意味する。

図3－7は実験によるスモールワールド現象の確認であった。

(a) Milgram の実験では当初の296通の手紙のうち、64通が最終的な受取人に届いた。この図はその64通がどのくらいの人の手を介して届いたかの分布を示している。これを見ると、10人の手を介して届いたものもある一方で、たった1人を介して届いているものもいくつかあることがわかる。この分布の平均は5・2であり、手紙が最終受取人に到達するまでに平均して6人の手を経ることが必要であることを示している。この実験から20年後、脚本

図3－7

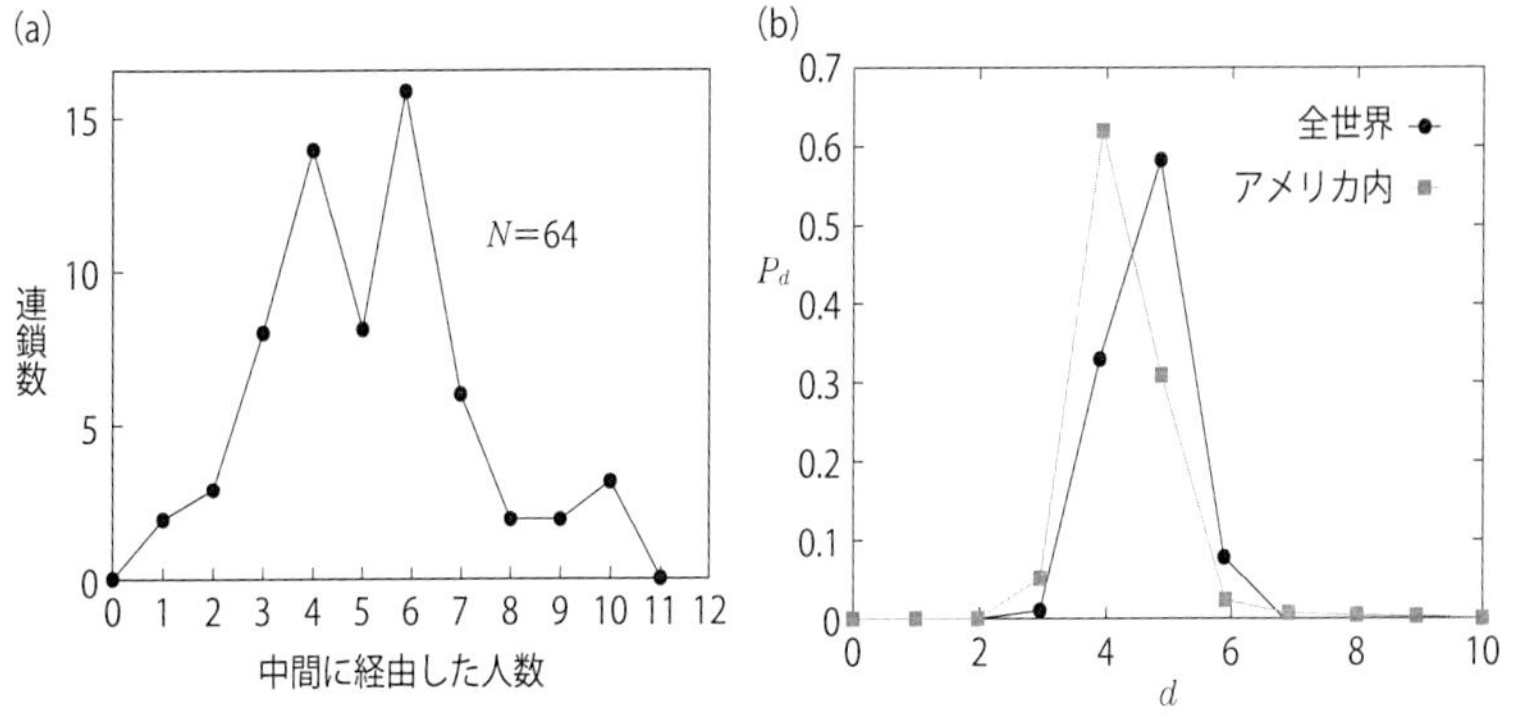

家のジョン（John Guare）はこれを「6次の隔たり」と名づけた。[注4]

(b)全世界およびアメリカ内のフェイスブックユーザー間の距離の分布 P_d フェイスブックのノード数Nとリンク数Lを用い、

$$\langle d \rangle \approx \frac{\ln N}{\ln \langle k \rangle} \quad (3 \cdot 9)$$

典型的なスモールワールド性は、ノード間の平均距離$\langle d \rangle$がノード総数Nと平均次数$\langle k \rangle$にどのように依存するかを表す関係式として定義される。これを用いると、平均距離は約3・9となり、[注5] 4次の隔たりとして報告されている結果に近いものとなる。

第6節　べき則とネットワーク組織の関係

べき則（Power Law）は、グラフ理論における重要な現象であり、ネットワーク組織にも一部の側面で影響を与える。それは、以下のような特徴をもつ。

スケールフリー性（Scale-Free Property）　べき則に従うネットワークは、一部のノードが非常に多くのリンク（エッジ）をもち、多くのノードが比較的少数のリンクをもつという特性をもつ。つまり、ネットワーク内のノードの次数（リンクの数）が、ベルの曲線ではなくべき則に従う分布を示す。

ハブノード（Hub Nodes）　べき則に従うネットワークでは、一部のノードが他のノードよりも明らかに多くのリンクをもつ「ハブノード」とよばれるノードが存在する。ハブノードはネットワーク内の情報やトラフィックの主要な集散地として機能することがある。

ネットワーク組織において、べき則の影響は以下のように理解できる。

影響力の偏り　ネットワーク組織内には、一部のメンバーが他のメンバーよりも影響力や重要性が高い場合がある。これはべき則によって表現されるハブノードの存在に相当する。ハブノードは情報の伝達や意思決定において重要な役割を果たし、組織全体の動向に影響を与える可能性がある。

コラボレーションとクリティカルパス　ネットワーク組織において、ハブノードは他のメンバーや部門とのコラボレーションをリードすることが多い。ハブノードとの連携が円滑であれば、情報や意思決定がスムーズに行われ、クリティカルなタスクやプロジェクトの進行が効果的に管理される可能性が高まる。逆に、ハブノードに問題があると、組織全体に対するリスクが高まることもある。

自己組織化　ネットワーク組織は、一部のハブノードが自発的に情報を共有し、他のメンバーや部門と連携しながら自己組織化する特性をもつ。ネットワーク組織のなかでは、ハブノードの存在によって情報のフローが最適化され、迅速な意思決定とアクションが可能となる。

しかし、べき則に従うネットワークは一部のノードに過度に依存する傾向があるため、そのハブノードが失われるとネットワーク全体に影響を及ぼすリスクもある。したがって、ネットワーク組織においては、ハブノードの重要性を認識しつつ、リスクの分散や情報の多元化を図ることが重要となる。

第7節　ネットワーク組織とパレートの法則

パレートの法則（Pareto's Law）とよばれる、80／20の法則がある。経済学や経営学などで広く用いられる経験則であり、この法則は、以下のように表現される。

全体の80％の結果は、全体の20％の原因によって生じる。この法則は、19世紀にイタリアの経済学者であるパレート（Vilfredo Pareto）によって提唱された。たとえば、組織の売上の80％は、全商品ラインの20％の製品によって生み出される、などといった例がある。

ネットワーク組織においても、80／20の法則は一定の関連性がある。具体的には以下のような点があげられる。

効率と影響力の偏り

ネットワーク組織内では、全メンバーのうち一部のメンバーが組織全体の効率や成果に対して大きな影響をもつ。80／20の法則に従えば、組織全体の成果の80％は、組織内の20％のメンバーによって生み出されるためと考えられる。

エンゲージメントと貢献

ネットワーク組織においては、積極的に参加し、アクティブに貢献するメンバー（ネットワーカー）とそうでないメンバーが存在する。ネットワーカーがネットワーク内で情報を共有し、他のメンバーや部門と連携することで、80／20の法則による効果的な結果をもたらすことがある。

リソースの配分

80／20の法則は、組織内でリソース（時間、予算、労力など）の配分にも影響を与える。ネットワーク内の重要なメンバーやプロジェクトに対して優先的にリソースを配分することが重要となる。

ネットワーク組織では、一部のメンバーや部門が組織全体の成果に対して大きな影響をもつことがある一方で、他のメンバーや部門の貢献が限定的である場合もある。そのため、リーダーシップや組織の運営において、80／20の法則を理解し、適切な対応を行うことが重要となる。一部のメンバーに偏りすぎることなく、全メンバーが意欲的に参加できる環境を整えることが、ネットワーク組織の成果を最大化するために重要である。

【注】

(1) L. Wu, B. N. Waber, S. Aral, E. Brynjolfsson, and A. Pentland. Mining Face-to-Face Interaction Networks using Sociometric Badges: Predicting Productivity in an IT Configuration Task. Proceedings of the International Conference on Information Systems, Paris, France, December 14-17, 2008.

(2) A.-L. Barabási, Network Science, 2016. 池田裕一他監訳、京都大学ネットワーク社会研究会訳『ネットワーク科学』共立出版、２０１９年。

(3) A.-L. Barabási and R. Albert. Emergence of scaling in random networks. *Science*, 286: 509-512, 1999.

(4) J. Travers and S. Milgram. An Experimental Study of the Small World Problem. *Sociometry*, 32: 425-443, 1969. 89.

(5) L. Backstrom, P. Boldi, M. Rosa, J. Ugander, and S. VignaFour degrees of separation. In ACM Web Science 2012: Conference Proceedings, pp.45-54. ACM Press, 2012.

第4章

経営組織モデルの発展段階

経営組織モデルの形態的発展は、1つは専門化（プロセス別）と、もう1つは秩序化（目的別）との2つの組織編成原理を軸として展開されている。すなわち、秩序化の原理を軸とするライン組織と、専門化の原理を軸とするファンクショナル組織が基本となる。ラインとスタッフという形で両者の利点を生かそうとするのが、ライン・スタッフ組織である。専門化の利点をさらに生かすために、職能部門化された組織が、職能部門制組織である。これに対して、ライン組織を目的別に事業部という形で編成した組織が、事業部制組織である。また、ラインとスタッフに同等の権限関係を与え、それを柔軟に変化させる組織として、マトリックス組織がある。本章では、こうした経営組織モデルの形態について検討する。

第1節　ライン組織とファンクショナル組織

1　ライン組織

ライン組織とは、トップから末端の作業者に至るまで、単一の指揮命令系統によって結ばれている組織形態のモデルをいう。組織の各構成員はただ1人の長をもち、その長からのみ命令を受ける。しかも、コミュニケーションは助言や助力ではなく、執行活動の遂行に関する包括的な決定・命令であり、これをライン権限という。ライン組織は、指揮命令系統が単純であり、したがって責任・権限関係は明瞭である。その結果、組織構造は単純になり管理

図4－1　ライン組織

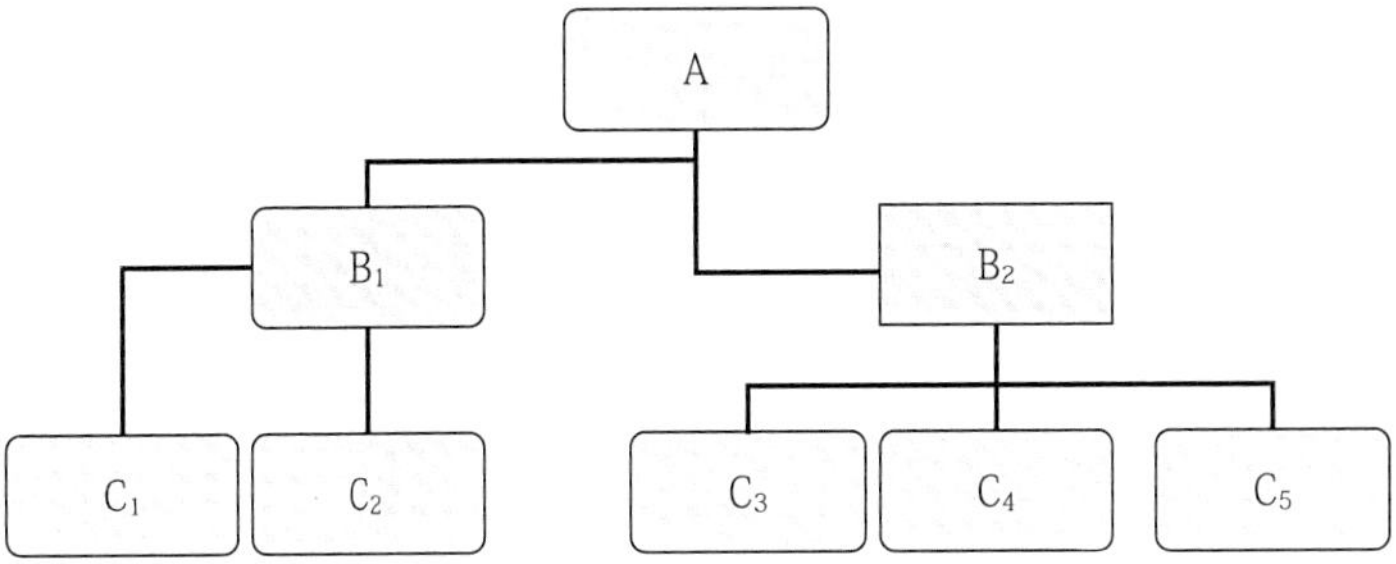

コストも安価となる。

ファヨール（H. Fayol）は、ライン組織がすべての組織の基本モデルであるとした。しかし、コミュニケーションがラインの命令権限に限られる場合には、次のような不都合が生じる。

図4－1において、C_1がC_4に連絡しなければならないとき、ライン権限が唯一のコミュニケーションの方法であるなら、C_1はB_1を経てAに上申し、AからB_2を経てC_4に連絡しなければならないので非効率である。

2　ファンクショナル組織

ファンクショナル組織は、テーラー（F. W. Taylor）の職能的職長制度にその起源をもつ組織形態のモデルである。それは専門化による水平的分業（職能分化）を中心原理とする。下位者は、ライン組織のように1人の長から包括的・一元的に命令されるのではなく、各々の専門職能を担当する何人かの長から、その職能に関する事項についてそれぞれ命令

図4－2　ファンクショナル組織

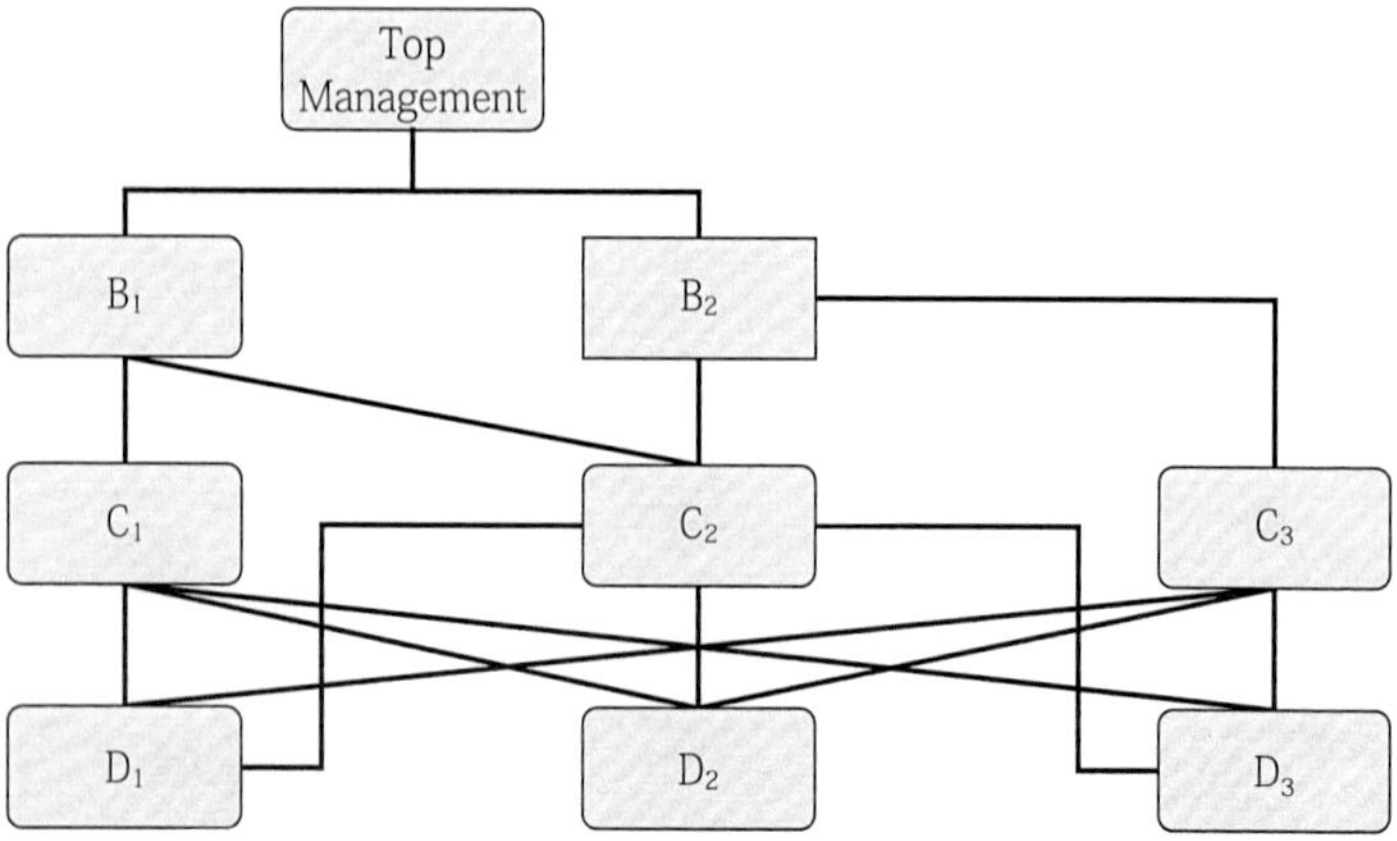

を受ける。

すなわち、図4－2において、各作業者（D_1、D_2、D_3）は、作業内容に応じて（C_1、C_2、C_3）のすべての職長の指揮を受ける。したがって、ファンクショナル組織における指揮命令は、多元的なモデルであるといえよう。

ファンクショナル組織の第1の特徴は、専門化の原則に従って各管理者に一定範囲の管理職能を配分しているので、専門能力の育成が容易である。第2には、各管理者はその専門業務のみを遂行すればよいので、その仕事の成否の判定が可能となり、結果に応じた報酬を規定することが容易である。第3には、管理者は作業者に対して、専門的な立場からの指導ができるので、作業の標準化が容易となる。

しかし、このモデルには次のような欠点もある。①現実には各専門職能を相互に重複・関連なく分化するのは難しい。②各専門職能をもった管理者間に命令の不一致や矛盾が生じ、責任・権限が不明瞭になるので、命令の一元化が阻害され組織の秩序が乱れる。

第2節　ライン・スタッフ組織

1　ライン・スタッフ組織の特徴

伝統的組織では、職能別専門化の原則に従って、執行職能から、サービス職能や計画・管理職能が分化する。その結果、生ずる各部門間の権限関係の交錯を避けるために、ライン・スタッフ組織（line and staff organization）がとられることになる。この組織では、図4－3にみられるように、職能別専門化の原則と、命令統一の原則との両立がはかられる。

ライン・スタッフ組織は、ライン組織における指揮命令系統の統一性を維持しながら、ファンクショナル組織の専門化の利点を生かそうとしたモデルである。すなわち、包括的な決定・命令権限のライン組織に対して、専門的な知識による助言・助力によって、ライン活動を援助・促進するスタッフ組織を配置したモデルである。

この組織では、スタッフは決定・命令する権限をもたず、その助言や助力の内容は、ライン組織によって採否が決められる。

このモデルの欠点は、①スタッフを配置することは間接的なコストを増大する。②ライン

図4－3　ライン・スタッフ組織

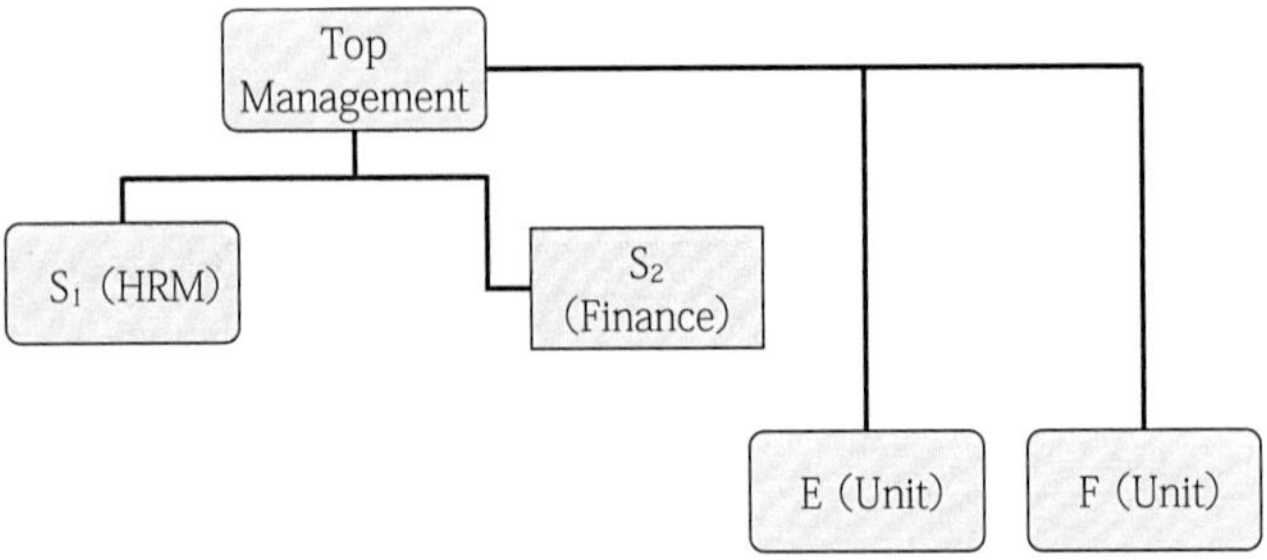

とスタッフが協調的でない場合、つまり専門的助言が命令的な性格がある場合、ラインとの対立が生じ命令の一元性が阻害される。

こうしたライン・スタッフ組織は、科学的管理論者の1人、エマーソン（H. Emerson）が提唱した組織形態で、軍隊において作戦の専門家として将軍を補佐する参謀部制を経営組織に応用したものといわれる。

2　ラインとスタッフの権限

伝統的組織論においては、スタッフ部門は、ライン部門に対してたんに助言とサービスを提供するにすぎないとされている。ところがサイモンによれば、組織の現実としてスタッフ部門は、ライン部門に対して権限を行使している。すなわち、統制し命令さえしており、その権限はラインの命令の権限と実際には違わないという。

しかし意思決定の専門化の原理からすれば、スタッフもラインと同じく命令の権限をもつとはいえない。意思決定の専門化の利益を享受するために、スタッフは単なる助言とサービスを提供するだけでなく、ライン部門に対して職能的権限（functional authority）をもつといえる。

スタッフの職能的権限とラインの命令権限とを区別することは、組織の現実にも適合しており、また組織の合理的設計のためにも必要なことである。スタッフの職能的権限は、ラインの命令的権限に対して、次の点で区別される。

(1) ラインの命令権限は、違反に対して制裁権を行使できるが、スタッフの職能的権限は制裁権を伴わない。したがってスタッフの権限の行使は、示唆、説得、教育や情報の提供などの方法に、より多く依存している。

(2) ラインの権限は、自己の下部単位のすべての範囲に及ぶのに対して、スタッフの権限は、特定の専門職能の範囲に限定されるかわりに、自己の下部単位だけでなく他の部門にも及ぶ。たとえば人事部長の権限は、経理や財務の職能について行使することはできないが、人事職能についての権限は他の部門にも及ぶ。

(3) スタッフも、ラインと同じく意思決定の権限をもっている。しかしスタッフの意思決定は、特定の専門領域にかぎられるばかりでなく、ライン部門の意思決定に対して一般的性格の基準を設定する性質のものである。

第3節　職能部門制組織と事業部制組織

1　職能部門制組織

ライン・スタッフ組織のなかで、職能部門化されたライン・スタッフ組織を「職能部門制組織」といい、また、ライン組織を事業部によって編成したライン・スタッフ組織を「事業部制組織」という。

職能部門制組織は、第一次的に生産・販売・経理・人事などのように、同種の専門的な知識を必要とする仕事ごとに専門別に分化され、それが部門化されている場合のモデルをいう。したがって、専門化の利点がより生かされる形で発展したライン・スタッフ組織のモデルであり、図4－4に示される。

職能部門制組織の特徴は、①各職能ごとに専門化されているため、専門的な知識や情報の収集および職能的な専門家の養成が容易である。②生産や販売を一括して各々の部門で行うので、機械設備や人員の集中利用が可能になり、規模の経済性が得られる。③各職能部門間の調整はトップ・マネジメントが行わなければならないので、中央集権的な管理が行われる。

このモデルの欠点には次のものがある。①各職能部門内での専門化が進むとセクショナリ

図4－4　職能部門別組織

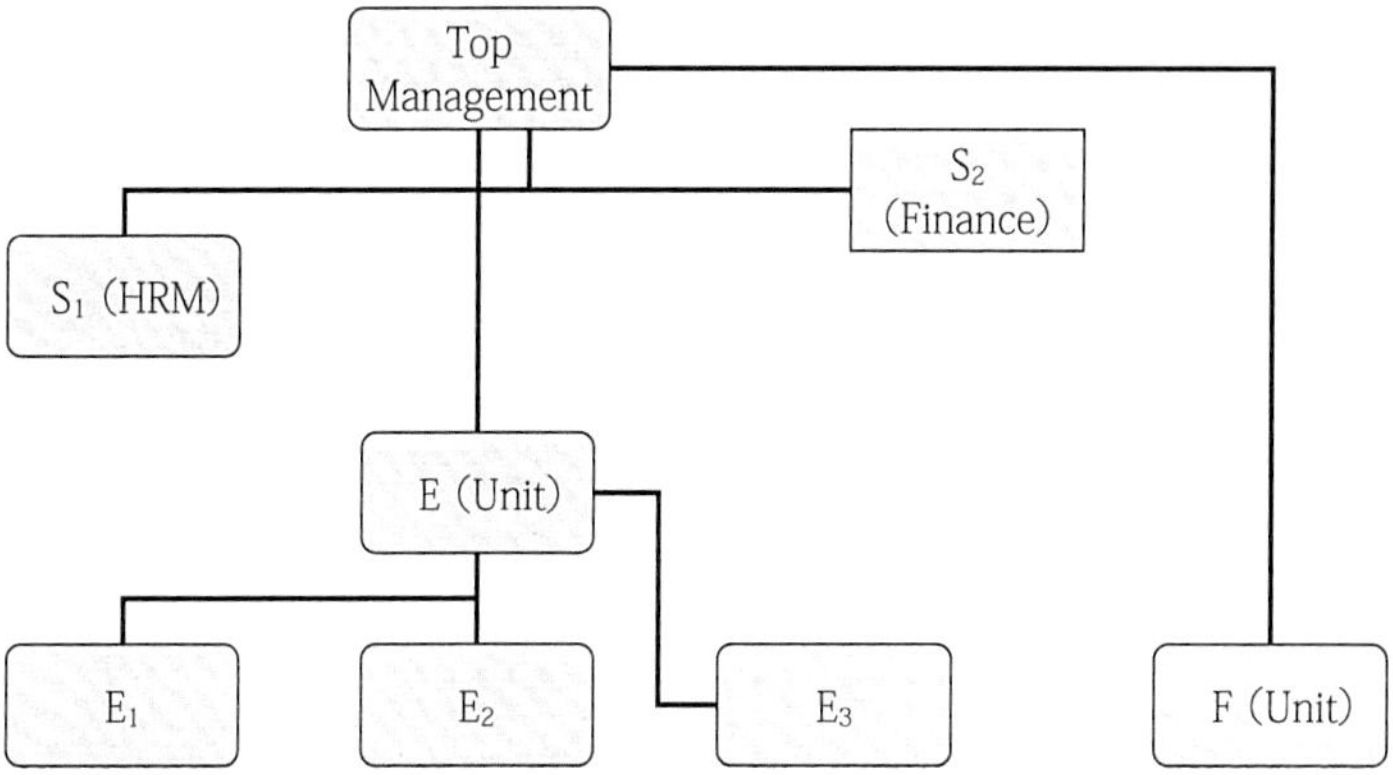

ズムが生じ、職能部門間の調整が困難になり、このため各製品の損益に対する責任が不明瞭になる。②職能部門間の調整の必要性が多くなるにつれてトップの責務は過重になるので、調整コストが高くなる。③職能的な専門家は養成されても、各職能を総合して企業経営を行う全般的経営者の能力は養成されにくい。

2　事業部制組織

事業部制組織とは、第一次的に製品別、地域別、あるいは市場別に、業績責任単位としての事業部に分化され、これらの事業部が最高管理単位としての中央本部（本社）によって全般的に管理されている組織形態のモデルである。したがって、ライン組織を事業部によって編成したライン・スタッフ組織のモデルであるといえよう。図4－5に示される。通常、利益センターとしての損益責任をもつことで包

図４－５　事業部制組織

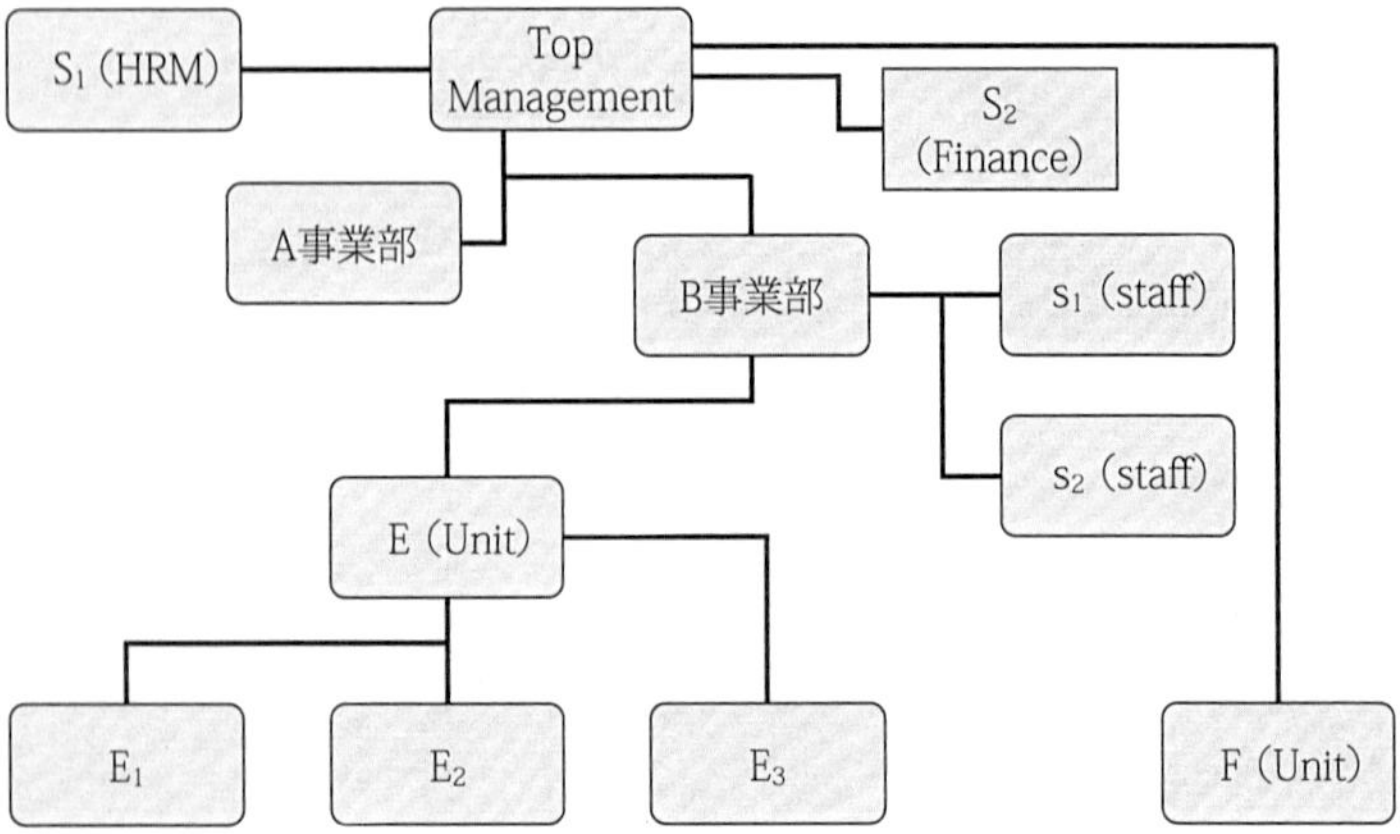

括的決定権限が与えられているので、分権的組織形態をもつ。

事業部制組織の特徴は、①中央本部は全体の方針を決定し、さまざまな資源が配分されるので、それを各事業部では獲得しなければならない。②各事業部は一定の製品、地域、市場をとりまく全職能部門を利益センターとして利益管理の責任を包括する。

このモデルには次のような欠点がある。①中央で事業部の実態把握ができない場合、各事業部が独走し（過度の事業部同士の競争など）、企業全体のバランスがとれなくなることがある。②各事業単位で製造・販売を行うと、製造設備や人員の重複が生じる。③各事業部では利益目標を達成するために、独自の方法や手続きをとり事業部間で競争を行うので、事業部間の人事、技術、管理方法、情報などの交流が不活発になる。④短期的な業績志向になりやすい。各事業部の業績評価は主に利益によってなされるので、各期・毎月の利益目標の追求に追われるからである。⑤複数の事業にまたがるようなプロジェクトやシステマティックな製品生産体制が円滑に行われにくい。

第4節　マトリックス組織

1　経営組織の発展とマトリックス組織

経営組織の形態は、秩序化の原理を軸とするライン組織と、専門化の原理を軸とするファンクショナル組織が基本となる。ラインとスタッフという形で両者の利点を生かそうとするのが、ライン・スタッフ組織である。専門化の利点をさらに生かすために職能部門化された組織が、職能部門制組織である。これに対して、ライン組織を目的別に事業部という形で編成した組織が、事業部制組織である。

こうした組織モデルにおいては、ファンクショナル組織を除いて、命令の統一性が拠りどころとされており、役割関係とそれに基づく権限関係が固定されている。2つの組織編成原理のうち、一方をライン、他方をスタッフとして、あるいは一方をラインの上位に、他方を下位に置いている。

これに対して、力関係のバランスを基礎として、ラインとスタッフに同等の権限関係を与えたり、それらの権限関係を柔軟に変化させたり、あるいは2つの組織編成原理をラインの同列に置いたり、上下関係を柔軟に変化させたりする組織モデルを考えることができる。これが、マトリックス組織の基礎にある考え方である。

マトリックス組織とは、垂直的階層のうえに、何らかの形で公的に認められた水平的な影響力、コミュニケーションを重ね合わせたモデルである。それは、規模の経済性を追求する要求を満たす職能部門制組織のモデルと、多様化した需要への効果的な対応の要求を満たす事業部制組織のモデルのどちらか一方の構造では調和がとれないとき、マトリックス組織のモデルが採用される。したがって、マトリックス組織は、その構造のなかに需要と供給という市場メカニズムを導入するモデルであるといえよう。

次の図4－6に、マトリックス組織の権限構造を示した。

2 マトリックス組織のタイプ

マトリックス組織には、いろいろなタイプがある。一般には、どの組織編成原理によってマトリックス組織を構成するかに従って、プロジェクト・マトリックス（プロジェクトと職能）、製品―職能マトリックス、製品―地域マトリックス、他次元マトリックス（たとえば製品、地域および空間と時間）などの組合せがある。

またマトリックス組織は、命令の統一性よりも勢力関係のバランスを重視する組織編成で

図4－6　マトリックス組織

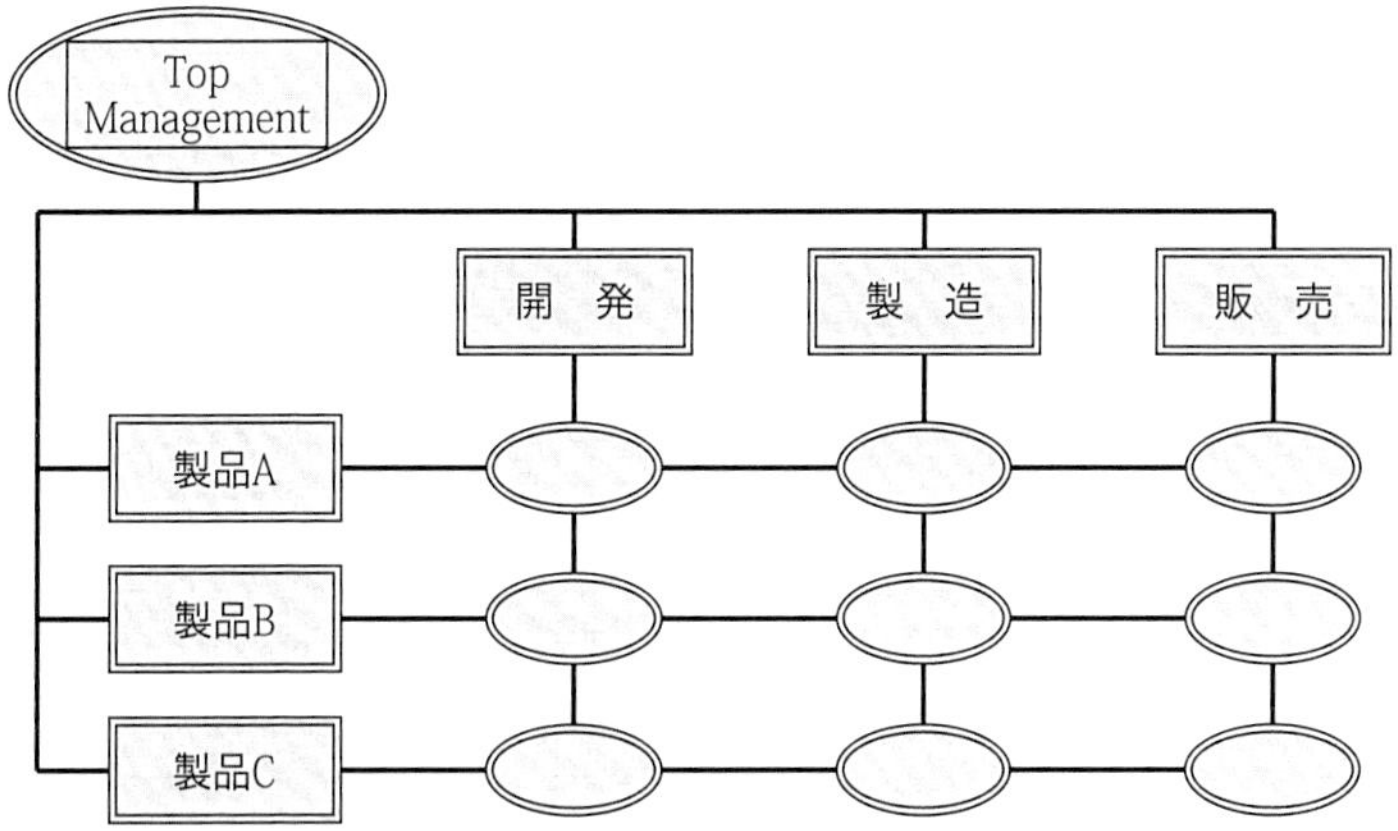

あるから、権限関係のバランスのあり方、とくにマトリックス・マネジャー間の権限・責任のバランスの態様を中心に分類するのが、もっとも基本的であるといえる。

　これまでの研究によれば、マトリックス組織は、①権限が資源（職能）側にあるもの、②権限がほぼ等しいもの、③権限が業績（プロジェクト）側にあるもの、の3種類のタイプがある。これを、ナイト（K. Knight）に従って、それぞれ職能型調整（co-ordination）マトリックス、重畳（overlay）マトリックス、プロジェクト型分遣（secondment）マトリックスとよぶ。

職能型調整マトリックス　このタイプのマトリックス組織は、人員は職能部門のメンバーのままであるが、手続上の編成は部門外の目的達成に向けて、部門間の協働と相互作用を確保するようになっている。既存の構造にできるだけ干渉せず、構造変化よりも社会的技能と協働への意欲を重視し、報告関係における曖昧さとコンフリクトを回避しようとするものである。基礎となる組織は、職能別組織である。

重畳マトリックス　このタイプのマトリックス組織は、業績管理者（プロジェクト・マネジャー）と職能部門長（経営資源管理者）の権限とパワーを均等にする試みである。正確に均等化させることは困難であるが、価値の等しい2つの目的の間でバランスをとるという原則が重要である。

プロジェクト型分遣マトリックス　このタイプのマトリックス組織は、プロジェクトの目的を最優先とし、業績管理者が重要な資源を統制する。職能構造は、プロジェクトへのサービス機能を果たすにすぎないが、専門知識水準の維持やキャリアの階梯のためには、同じ専門職能の同僚からなるグループに属することが必要である。

3　マトリックス組織の特徴

マトリックス組織は、2つの組織編成原理の両方を体現しようとするアプローチである。しかし、どのようなアプローチも、その利点がコストによって相殺されるのが通例である。マトリックス組織は、二律背反的な事柄を効果的に遂行するといわれる。

(1)　マトリックス組織は、効率性と市場対応性（柔軟性）とを同時に達成する。これは、一方では経営資源管理者が資源の効率的運用を図り、重複をなくすよう資源の共有化を進めるためであり、他方では業績管理者が各市場を担当し、不確定な環境に素早く反応できるためである。しかし、効率性という点では職能部門制組織の方が優れており、市場対応性あるいは柔軟性という点では事業部制組織あるいはプロジェクト組織の方が優れている。

(2) マトリックス組織は、複雑な技術問題に対して質の高い革新的な解決を促進する。これは、一方では多数の職能にまたがるプロジェクト・チームに、多様な見解と視野が導入されて異種交配が行われ、他方では同じ専門のメンバーとの接触によって、高い技術的水準を維持することができる。しかし現実にはマトリックス・マネジャー間で、自己の利益を最大にしようとして、主導権を巡る権力争いが生じやすい。

(3) マトリックス組織では、トップ・マネジメントは意思決定の委譲を通じて、日常業務にまきこまれることなく、長期的視野に立って長期計画に専念できるようになる。しかし、マトリックス・マネジャー間でコンフリクトが解決されないときには、トップ・マネジメントはこの裁定のために果てしない紛争解決の仕事に忙殺されることになる。また、下位レベルの人々の意思決定への参加は、ときとして集団主義への偏向を生み出す。

(4) マトリックス組織では、人間の根幹にかかわる人格発展の機会に恵まれる。まず、メンバーは、自分の専門以外の広い領域について、経験を増し視野を広めることができる。次に、自分が専門を代表しているという責任を自覚し、高いレベルに課せられる決定にかかわることができる。さらに、より広い領域とかかわることにより、高い潜在能力を示す機会が与えられる。しかし、同時にメンバーに高いストレスを与え、役割の不明確のためにコンフリクトが生じる。

マトリックス組織の長所と短所は、補完的な関係にあるというよりは、矛盾しているものであって、利点がそのまま欠点となっている。それは、マトリックス組織が2つの組織編成原理の折衷案であるため、つねに矛盾をはらんでいるからである。評価の観点も正反対の場合があるので、コストと利点が必ずしも一致しない。

第5節　組織における最適構造

1　組織の最適構造について

組織理論においては、これまで組織の最適な構造が繰り返し取り上げられているが、現在に至るまで一般的な形での解答は得られていない。

すなわち、これまで「組織における最適な構造は存在するか」という問いに対しては、さまざまな解答が試みられてきたが、現在においてもそれは継続している。この課題に関する現在までの解答は、「組織についての一般的な形での最適な構造は存在しないであろう。ただし、それぞれの組織ごとについては、最適構造は存在するかもしれない。しかし、それを確かめるための確実な理論は、まだ探求の過程にある」というのである。

最適な組織構造についての研究は、少数の組織についての特性から、他の多くの組織についての特性を予見したり、特定の状況における組織の特性を変更した場合に、組織のもつ活動がどのように変化するかを予測することを可能とする、と考えられている。

これまでの研究の経過において、最適な組織の構造については、いくつかの有効な原則があることが認められている。とりわけ、最適な組織モデルを形成するに際しては、組織としての生存能力を維持するための前提条件について論じられている。それは、一般システム論やサイバネティクス論の影響を受けた組織理論である。こうした研究は、組織の最適化の探求に貢献し、組織に関するさまざまな問題の解決に寄与しているということができる。

2　全体最適と部分最適

一般的な意味で、組織の最適化について考察するとき、それは組織の個々の部分についての最適化か、あるいは組織全体についての最適化かという問題が、組織理論における歴史的な課題とされてきた。

こうして組織の最適化の問題については、「全体最適」と「部分最適」とが指摘され、これが相対的に論じられている。すなわち、システムや組織において、各部分機能の最適化を図ることを部分最適といい、これに対してシステムや組織全体の最適化を図ることを全体最適というのが一般的である。

たとえば、企業および企業グループにおいて、購入や生産、物流や販売などの個々の業務機能について生産性を高めることが部分最適であり、これに対して業務全体の効率性や生産性を最適化するのが全体最適である。この場合、企業および企業グループとしては、部分最適よりも全体最適をめざして効率性や生産性を最適化することが望ましいと考えられるであろう。

このように、多くのシステム論や組織、またはその組織の業務などについて、部分的な機能と、その集合体が果たしている全体としての機能との2つの機能を認めることができる。こうした部分と全体との関係については、部分的な機能が、他の部分的な機能との協調を考えなくともよいという環境では、全体の果たす機能の効率性や生産性はあまり省みられることはない。

かつて高度成長期におけるわが国の企業は、事業の多角化を図り、かつ各事業を事業部や子会社化して、それぞれを1つの独立した機能として経営することを奨励した。これは、市場が拡大してビジネスチャンスが次から次へと生まれる状況では、意思決定や組織の機動力を、拡大する市場に対応させるために意味ある戦略であった。

しかし、その結果として各事業部のなかには似たような機能が存在し、似たような子会社を多く作り出すことになり、企業全体としては非効率的な状況となる。このため、バブル崩壊後の企業再生のなかで、それらの多くを清算しなければならないことになる。そこで近年では、効率や生産性の最大化などの全体最適を重視し、むしろ部分最適については手控えるような傾向に転化しつつある。

部分最適と全体最適との関係については、部分と全体との両者が、ともに最適になる状況を作り出すことが理想的であるといわれる。そのためには、部分と部分とがバランスのとれた協調関係を保って、全体としての組織やシステムを、環境の変化に適応させながら自らを維持、成長させる生物のような組織やシステムとして実現させることが望まれる。

ここで、注意しなければならない問題として、組織には「効率性と不安定性」との二重背反が内在していることである。すなわち、全体の効率性を達成しようとすると、部分の不安定性が助長されることが指摘される。

たとえば、あたかも株式会社の登場によって、一方では投資の効率性を高めることに寄与するが、他方では投資の投機化が促され、株式市場の不安定性を助長することになる。売り手が多いのに買い手がいないという恐慌や、逆に買い手が多いのに売り手がいないというハイパーインフレーションが、不安定性を引き起こすかのようである。

このように組織の最適化には、部分最適と全体最適とがあるが、これは組織の部分についての最適化か、全体についての最適化かという適用範囲を表わしているにすぎない。問題は、何が最適化のための条件であり基準であるか、ということである。最適化が意味する構造や、最適化の内容はどのようなものなのか。こうして最適な組織に関する研究は、これまでの組織理論の歴史において長く探求されてきた問題である。

3 組織の類型化

組織構造については、これまでさまざまな組織の特性に基づいて分類し、類型化する試みがなされてきた。それは、組織の特性が異なる多種多様な組織について、適切な類型化を行うことによって、少数の組織特性から他の多くの特性を予測したり、ある組織特性を変更した場合に組織の業績がどのように変化するかを予測することを可能にする。

組織を類型化する観点から、古典的な文献としては「官僚制」(bureaucratic) の組織がある。そこではウェーバーによれば、官僚制の組織特性として、次のような特徴があげられている。

(1) 職務は規則に基づいて継続的でなければならないこと
(2) 権限の範囲が明確でなければならないこと
(3) 職務はヒエラルキーの原理に基づいていなければならないこと
(4) 職務上の行動は厳格で体系的な規律・統制の下におかれること
(5) 管理上の行動・決定・規則は文書によって明示され記録されること

このように官僚制の組織特性は、集権的な意思決定、文書を中心とする垂直的コミュニケーション、公式的・他律的なコントロール、固定的な組織編成、固定的・専門的なメンバー、固定的で権限や地位に基づく命令指示型のリーダーシップ、などである。

佐藤耕紀によれば、近代的な組織類型に関する理論として、次のような理論をあげている。

(1) Druckerの「職能別（functional）組織」と「連邦的（federal）分権化」
(2) モチベーション理論の観点から、McGregorの「X理論」と「Y理論」
(3) コンティンジェンシー理論の先駆者であるBurns and Stalkerの「機械的（mechanistic）システム」と「有機的（organic）システム」
(4) 経営史家Chandlerの「職能別（functional）組織」と「事業部制（multi-divisional）組織」
(5) 社会心理学者Likertのシステム1からシステム4の4段階の組織
(6) Miles and Snowの「防衛型（defender）」、「分析型」、「開拓型（prospector）」の3類型
(7) Mintzbergの「機械的（machine）組織」と「革新的（innovative）組織」
(8) 寺本義也の「ハイアラーキー組織」と「ネットワーク組織」
(9) Alstyneの「ヒエラルキー（hierarchies）組織」と「ネットワーク（networks）組織」

(10)　飯尾要の「ヒエラルキー組織」と「ヘテラルキー組織」

たとえば飯尾は、組織の類型を、単純構造で線形的性格をもつ「ヒエラルキー組織」と、非線形的で各自の活性化と創造性に立つ弾力性をもつ自律分散型共同組織としての「ヘテラルキー組織」とに分類している。

飯尾の「ヒエラルキー組織」は、固定的な上下関係、上からのコントロール（支配と従属）、集権的意思決定、他律性、閉鎖性などを特徴としている。これらの点は、Weber の「官僚制組織」、Drucker や Chandler の「職能別組織」、McGregor の「X理論による組織」、Burns and Stalker や Mintzberg の「機械的組織」、Likert の「システム1」、Miles and Snow の「防衛型組織」、寺本の「ハイアラーキー組織」、Alstyne の「ヒエラルキー組織」、などの組織タイプに類似しているという。

これに対して、「ヘテラルキー組織」は、対等・平等の関係、メンバーの異質性・多様性・参加型の分権的意思決定、自律性、開放性などを特徴としている。これらの点は、「連邦的分権化」、「Y理論による組織」、「有機的組織」、「事業部制組織」、「システム4」、「開拓型組織」、「革新的組織」、「ネットワーク組織」、などの組織タイプに類似しているとしている。

このように、いろいろな組織の類型は、いずれも共通する組織デザイン上の特徴をもっている。佐藤は、これを整理して、1つは「ヒエラルキー型組織」と、もう1つは「ネットワ

表4－1　ヒエラルキー型組織とネットワーク型組織

	ヒエラルキー型組織	ネットワーク型組織
意思決定	集権的・個人的	分権的・集団的
コミュニケーション	垂直的	水平的
コントロール	公式的・他律的	非公式的・自律的
組織編成	固定的	流動的
メンバー	固定的・専門的	流動的・総合的
	均一・同質	多様・異質
リーダーシップ	固定的・権限や地位に基づく	流動的・知識や能力に基づく
	命令指示型	創発誘導型
組織の境界	内部統合型	提携・協力型
	固定的・閉鎖的	流動的・開放的

ワーク型組織」とに分類することができるという。こうした「ヒエラルキー型組織」と「ネットワーク型組織」の組織デザイン特性は、表4－1のとおりである。

こうして「ヒエラルキー型組織」と「ネットワーク型組織」とは、いくつかの組織デザイン特性において、対照的な特徴をもつ両極端の組織類型であるということができる。ここで、最適な組織構造という観点から、ヒエラルキー型組織とネットワーク型組織とを比較すると、少なくともヒエラルキー型組織よりもネットワーク型組織のほうが、組織としてはより最適な構造であるということができる。

こうした分析は、組織を構築する際の普遍的な原則を提供するものである。

第5章
組織とモチベーション理論

モチベーション理論（motivation theory）は、また「動機づけ」の理論ともいわれ、それが意識的に問題とされはじめたのは「人間関係論」からであるとされている。したがって、モチベーション理論は、人間関係論の延長線上に展開されているものである。また近代組織論として、組織的意思決定論と並んでモチベーション理論が取り上げられることがある。しかし両者は、それを産み出す母体となった過去の研究成果、さらにその分析方法と概念体系、そしてその分析成果は、かなり相互に異質のものである。本章では、こうしたモチベーション理論を取り上げて検討する。

第1節　モチベーション理論の展開

1　モチベーション理論における人間観

モチベーション理論においても、一定の人間観がとられていることに注意しなければならない。人間は感情をもつ社会的動物であり、複数の人間で構成される企業においては、個人と個人、個人と集団、集団と集団などの間に、社会的学習、葛藤、駆け引き、フォーマル、インフォーマルな諸関係が存在している。こうした前提の下に、組織における人間についての考察を深めなければならない。

企業は、それ自体の目的をもっていると同時に、感情をもつ社会的動物である従業員も、それぞれ個人的目的をもっている。それは経済的なもの、あるいは非経済的なものであるかもしれない。有形なもの、あるいは無形なものであるかもしれない。

しかもまた彼らは、「組織人格」とともに「個人人格」を併せもっている。企業という組織に所属しているので、組織目的が個人目的より優先するし、組織人格のほうが個人人格より先行することは確かである。しかし組織目的・人格が優先するといっても、個人目的・人格を無視することはできない。

現代のように、人々の意識・価値観の変化・多様化、個人化の時代においては、従業員のもつ個人的目的や欲求（ニーズ）を、企業がどのくらい充足できるかが大きな問題となっている。これが、モチベーションの問題である。

こうした人間関係論の発展としてのモチベーション理論には、近代的組織論における意思決定論の場合と同じように、機能的人間観が存在している。しかし、その内容はかなり異なる。組織的意思決定論では、意思決定環境を識別し、可能な代替案群を模索し、一定の目標―選択基準に基づいて、主観的合理的に適切な代替案を選択するという合理的人間が予定されている。これに対してモチベーション理論では、むしろ情緒的反応を多分に含んだレベルにおいて、人間の主体性を確認しようとしている。

そこで、以下、モチベーション理論に関する研究を取り上げ、その代表的な理論を検討することにしたい。

2　権威主義的システムと参加的システム

リッカート（R. Likert）によれば、組織の管理システムを、①権威主義的システムと、②参加的システム、との2つに分けている。

権威主義的システム　このシステムにおいては、厳しい作業標準や予算が課せられ、権威主義的な高圧的な管理が行われる。すなわち、これは科学的管理法に代表される伝統的な管理である。

伝統的な管理方式においては、一般の作業者は機械ないし道具として取り扱われ、単純反復的な作業に従事する。したがって作業者は、自分が1人の価値ある人間であるという意識をもつことができず、また職務の遂行により自己実現欲求を満たすことも不可能である。このため、権威主義的なシステムにおいては、上司への協力的態度はみられず、上司に対する信頼感も薄く、さらに作業者集団の協力的意欲も低くなる。また、作業者集団の業績目標も低く設定される。さらに、欠勤率や離職率も高くなる。

権威主義的システムにおいては、一時的に高い生産性が達成されることがあっても、長期的には低生産性と低収益がもたらされる。また、欠勤率や離職率も高くなる。

参加的システム　このシステムにおいては、管理の基本原則として、①支持的関係の原則、②管理の集団方式、③高い業績目標の設定、という3つの原則がとられる。

① 支持的関係の原則

この原則は、参加的システムにおけるもっとも基本的な原則である。この原則によれば、管理は成員の欲求や価値の実現を助成し、促進するものでなければならない。それは、とくに成員の自己実現欲求の充足を助成し、促進するものでなければならない。したがって支持的関係の原則は、組織における人間モデルとして「自立的な人間」を意味している。

リッカートは、人間が組織において満たそうとする欲求として、①自我動機、②安定性を求める欲求、③好奇心・創造性・新しい経験を求める欲求、④経済的動機、の4つの動機をあげている。支持的関係の原則は、これら4つの動機ないし欲求のうち、とくに自我動機を重要視するものである。

自我動機は、自立的な欲求に属する。人間の各種の欲求のうち、自立的な欲求を重視する支持的関係の原則をもっとも基本的な原則とし、組織における人間のモデルとして、自立的な欲求をもつ自律的人間が仮定されている。

② 管理の集団方式

管理の集団方式とは、効率的な作業集団を形成し、その作業集団の集団過程で問題を発見し、問題を解決する管理の方式である。

効率的な集団においては、監督者と部下との間に、また部下相互の間に、協力的な態度と強い信頼関係がみられる。さらに監督者を含めて、すべての成員の間に相互作用と影響のネットワークが形成され、緊密な協力的な相互作用と影響がみられる。

たとえば効率的な集団においては、成員は作業集団の目標の達成率を高めるように互いに励ましあう。また成員は、相互に作業方法の改善の仕方を実地に教えたり、作業方法について意見を交換したりする。さらに、作業集団に問題が生じた場合には、その解決のために成員は相互に協力しあう。成員は、このような協力的な相互作用と影響のなかで、自分の人間的価値意識を育て維持することができる。

管理の集団方式においては、集団過程で問題が取り上げられ、その解決策が探求される。また作業の目標は、監督者によって一方的に与えられるのではなく、集団過程で設定される。そして、目標達成についての検討も集団過程で行われ、必要なときはコントロール行動が探求される。

すべての成員は、集団による問題解決の過程、目標設定の過程、結果の検討の過程に積極的に参加する。そして成員は、集団過程への参加をとおして、自己実現欲求を満たす機会をもつことができる。

③ 高い業績目標の設定

この原則は、支持的関係の原則が適用される場合にはとくに重要な意味をもつ。支持的原則に基づく管理は、成員の欲求の充足を重視する管理であり「従業員中心の管理」である。

この従業員中心の管理は、高い業績目標の設定という原則に補強されることによって、高い生産性を達成することができるようになるからである。

3 参加的システムの意義

リッカートは、伝統的に行われてきた権威主義的な管理システムに代えて、すぐれた管理システムとして参加的・集団的な管理システムを提唱している。そして彼は、数多くの実証的研究と現場実験によってそれを立証しようとしている。

こうした新しい管理システムは、自己実現欲求を中心的な欲求として、それを企業組織のなかで満たそうとする新しい従業員像に適合するシステムを意味している。すなわち新しい管理システムは、従業員の自己実現欲求に訴え、それを満たすための機会を提供することによって、彼らのモチベーションを高めるとともに組織の生産性を高めることを狙いとするシステムである。

リッカートは、まず、支持的関係の原則を主張することによって、成員の自我動機の重要性を強調し、管理はこうした自我動機の充足を助成し促進するものでなければならないという。次に、自我動機を充足するための具体的な管理システムとして、管理の集団方式を提唱する。それは成員の自我動機を、組織のなかの比較的小規模な作業集団において充足させるものである。

このような管理の集団方式は、自我動機の充足の機会を集団過程で提供し、それによって成員のモチベーションを高め、最終的には作業集団の生産性を高めることを目指している。リッカートの提唱する参加的・集団的管理のシステムは、このような視点から新しい管理システムとして、その意義を認めることができよう。

第2節　マグレガーのモチベーション論

1　人間仮説とX理論

伝統的な管理システムは、マグレガー（D. McGregor）が「命令と統制による管理」というように、権限の原則を中心とするシステムとして規定される。

伝統的な命令と統制による管理においては、従業員は、なすべき仕事とその遂行方法を上司から命令の形で与えられる。部下は、仕事の結果が期待されたものかについて、上司によってチェックされる。部下が、上司の命令に従って仕事をすることを拒否したり、あるいは期待された成果をあげることができなかった場合には、部下はさまざまの形で罰を受けることになる。

マグレガーによれば、管理者が決定し行動するときには、その背後に人間の性質や行動に関する仮説があるという。伝統的な命令と統制による管理についてみると、次のような人間仮説が認められる。

(1) 人間は、生来的にはたらくことを嫌い、できればそれを避けようとする。

(2) 仕事を嫌う人間の特性のために、大部分の人間は強制、統制、命令および処罰によって脅されなければ、組織目的の達成に努力しようとしない。

(3) 人間は、命令されるほうを好み、責任を回避したがり、あまり野心をもたず、なによりも安全を望む。

この3つの命題に要約される人間仮説に対して、マグレガーは「X理論」と命名する。そして、多くの企業で伝統的にとられてきた命令と統制による管理は、X理論という人間仮説に基づいて築かれているという。

しかし、この命令と統制による管理は、現在においては重大な限界に直面している。マグレガーは、命令と統制による管理の限界の根本的な原因を、基礎にある人間仮説の限界に求める。そして、伝統的な管理に代わる新しい管理を、新しい人間仮説のうえに築こうとする。

2 人間仮説とY理論

マグレガーは、人間行動に関する研究が発達した結果として、組織における人間の性質や人間行動についての従来の考え方を改め、新しい仮説をもつことができるという。この新しい人間仮説を「Y理論」といい、それを次のように6つの命題で要約している。

(1) 仕事に際して、肉体的・精神的に努力することは、遊びや休息と同じように人間の本性である。人間は、生来的に働くことを嫌うわけではない。条件次第で仕事は満足の源泉ともなり、また逆に苦しみの源泉となることもある。

(2) 外部からの統制および懲罰の脅威だけが、組織目的の達成に努力させる手段ではない。人間は、献身した目的のためには、自分で自分に命令し統制する。

(3) 目的への献身は、その目的の達成から得られる報酬の関数である。自我欲求や自己実現欲求の満足という最大の報酬が、組織目的の達成のために努力したことの直接的な結果として得られる。

(4) ふつうの人間でも、適当な条件のもとでは責任を引き受けるだけでなく、自ら進んで責任を求めるようになる。責任回避、野心の欠如、安全第一主義は、一般に経験の結果であり、人間の本来の性質ではない。

(5) たいていの人間には、組織の問題を解決するために、相当高度の想像力、工夫、創意を発揮できる能力が備わっており、一部の人だけに備わっているわけではない。

(6) 現代の産業社会の状況では、ふつうの人間に備わっている潜在能力の一部しか活用されていない。

3　統合の原則と自主管理システム

管理システムの設計に当たって、どのような人間仮説をとるかは重要な意味をもっている。X理論に立脚する場合、命令と統制による管理が導き出される。これに対して、Y理論に立脚する場合には、管理のもっとも基本的な原則は、統合の原則である。

この統合の原則について、マグレガーは、「Y理論から導き出される中心原則は、統合の原則である。それは、組織の成員が企業の成功のために努力することが、同時に彼ら自身の目標をもっともよく達成することになる条件を作り出すことである」と述べている。

すなわち統合の原則によれば、管理の最重要な課題は、成員が組織目的の達成のために努力することが、同時に成員の個人的な目的を最大限に達成することになるように、組織内の条件を整備することである。その場合、成員の個人的な目的としては、経済的報酬や、所属感や心理的安定感などを得ることよりも、自己実現欲求を充足することである。

ところで、権限の原則に基づく命令と統制による管理においては、部下は、上司から与えられる目標を支持された方法で遂行し、その遂行結果について上司の評価とコントロールを受ける。これに対して、統合の原則に基づく管理システムにおいては、部下は、上司の指導と助言のもとに自ら目標を立て、その目標を達成するための行動プログラムを自主的に考案し実施し、その結果について自己評価と自己統制を実施する。

統合の原則に基づく管理システムは、自主的な管理システムとして性格づけることができる。すなわち各人は、まず自主的に目標を設定し、その目標を達成するために自発的に努力し、その結果に関しては自己統制を行うという自主的管理によって、企業の目的の達成に貢献する。同時に各人は、その自主的管理の過程において、自己実現欲求を充足させる機会をもつことができる。

このように、自主的管理のシステムにおいては、成員が企業の目的の達成のために努力することが、そのまま彼の個人的な目的を達成することに結びついている。

第3節　マズローのモチベーション論

1　欲求の階層構造

マグレガー理論は、人間の欲求に関する1つの独特の仮説のうえに築かれている。その仮説は、心理学者マズロー（A. H. Maslow）によって展開されたものであり、一般には「欲求段階説」とよばれている。

人間は、さまざまの欲求を満たすために努力し行動する。したがって、人間を行動に駆り立てるモチベーション要因は、満たされていない欲求のうち、喚起されて活動状態にある欲求である。欲求は満たされると、再び休止状態に戻る。すなわち欲求は、ある程度まで満たされると、もはや行動のモチベーション要因ではなくなる。

マズローによれば、欲求は次の5つの階層的な構造を形作っているという。

(1) 生理的欲求　これは、もっとも低いレベルの欲求で、食物、水、睡眠、運動などのいわば生物的、自己維持的欲求である。

(2) 安全性の欲求　生理的欲求が適度に満たされると、続いて1つ高いレベルの欲求が頭をもたげてくる。それは、安全を求める欲求である。さまざまの形の危険から自己を守ろうとするのが、この安全性の欲求である。

(3) 社会的欲求　次のレベルの欲求は、社会的欲求である。それは、集団を作りたいという欲求、同僚に受け入れてもらいたいという欲求、友情や愛情を交換したいという欲求などが、ここにいう社会的欲求である。

(4) 自尊心の欲求　次のレベルの欲求は、自尊心の欲求である。マグレガーは、これを「自我欲求」とよんでいる。この欲求は、次の2つに分けられる。1つは、強くありたいという欲求、達成の欲求、十分な能力をもちたいという欲求、独立と自由をもちたいという欲求などである。もう1つは、好評を得たいという欲求、高い地位を得たいという欲求、人から認められたいという欲求などである。

(5) 自己実現の欲求　最後に、欲求の階層の頂点の位置に、自己実現の欲求がある。これまでの欲求がすべて満たされても、不満を感じたり、落ち着かない感じをもつことがある。それは、自己の潜在的な可能性を十分に実現したいという自己実現の欲求を満たしていないからである。自己実現の欲求は、自己の能力や個性を伸ばし、それを思う存分に発揮したいという欲求である。それはまた、自己啓発を続けて自己を成長させたいという欲求でもある。

2 欲求段階説の意味と適用

伝統的管理システムと欲求段階説

伝統的な命令と統制による管理を、欲求段階説に関連づけて捉えると、次のようになる。

従業員は、上司から与えられた目標を達成するために努力する。目標を達成し上司の期待に応えると、従業員は給料、各種の手当、ボーナス、さらに昇給など、さまざまの形の経済的報酬が与えられる。彼は、その経済的報酬によって、衣食住の必要物を購入することができ、生理的欲求を満たすことができる。また従業員は、上司の与える目標を達成している限り、安心して職場に留まることができる。さらに、休暇制度、医療保険、退職金制度、年金制度などの恩典に預かることができる。これらは、従業員の安全性の欲求を満たすのに貢献する。

このように、命令と統制による管理のもとでは、従業員のさまざまの欲求のうち、とくに生理的欲求や安全性の欲求に注目し、それに訴えることによって彼らの貢献努力を引きだそうとしている。このことは、伝統的な管理の基礎にある人間仮説、すなわちX理論は、生理的欲求と安全性の欲求が中心的な欲求である人間モデルであるということになる。

人間関係論と欲求段階説　次に、人間関係論を土台とする管理システム論を、欲求段階説に関連づけていえば、従業員の社会的欲求に焦点を合わせている。

自主的管理システムと欲求段階説　これに対して、マグレガーが提唱する自主的管理のシステムは、人間の欲求のうち自己実現欲求に焦点を合わせている。従業員は、生理的欲求や安全性の欲求に関して不満をもたなくなり、また各種の人間関係施策により社会的欲求も満たされると、自我の欲求や自己実現の欲求を中心的な欲求と考えるようになる。

彼らは、組織のなかで職務の遂行と達成をとおして、自己の能力を十分に生かし、また伸ばしたいと望む。また、自信をもちたい、上司・同僚・部下から認められ尊敬されたいと望む。さらに、潜在的にもっている能力や個性を十分に育て、それを組織のなかで十分に発揮したいと望む。マグレガーが提唱する自主的管理のシステムは、こうした自己実現欲求を自主的な管理過程において充足させることを目指している。

したがって、統合の原則に基づく自主的管理のシステムは、従業員に自分で目標を立て、自分で自分に命令し統制するという自主管理の機会を提供し、自主管理の過程で自己実現欲求の充足を可能にし、それによって彼らの貢献努力を引き出そうとする。

3　欲求段階説の役割

マズローの欲求段階説については、人間の欲求が、このような階層的序列を形成していることに関して問題がある。たしかに歴史的には、こうした順位で「欲求」への対応の重点が、組織や管理によって行われてきていることは否定できない。

しかし、このことは低次の欲求には量的限界があり、この限界に達したとき、より高次の欲求に人間を駆り立てるということになる。それは逆に、低次元の欲求すなわち物質的欲求に絶対的重要性を認めることになりかねない。また、たとえ物質的欲求が低水準であっても、自我欲求あるいは自己実現欲求が働いていないとはいえない。

人間が社会的動物として社会的生活水準の上昇とともに、より高水準の物質的欲求を求めるという性向が存在し、しかもそれは「高次元」の欲求と両立するであろう。その意味では、欲求階層説を欲求共存説に組み直すことによって、人間行動の多様な側面を解明するのに寄与することになる。

とにかく欲求階層説は、伝統的な管理システムが経済人的人間観に偏向し、この面のみに重点をおく思考様式を転換させるという意味において、大きな役割を果たしているということができる。

第4節　ハーツバーグのモチベーション論

1　動機づけ－衛生理論

ハーツバーグ（F. Herzberg）の動機づけ－衛生理論は、人間の欲求に関する1つの独特な仮説のうえに築かれている。それは、人間は2組の欲求、すなわち、①不愉快さを回避する欲求と、②成長ないし自己実現を求める欲求とを、もっているという仮説である。こうした仮説は、人間のモチベーション現象を解明するうえで、重要な1つの示唆を与えるものである。

ハーツバーグは、この仮説をもとにして、次の重要な革新的な推論を行っている。まず、不愉快さを回避する欲求を充足する要因と、精神的成長によって自己実現をはかろうとする欲求の充足に貢献する要因とは、別個のものであると推論する。次に、不愉快さを回避する欲求を充足することから生じる効果と、自己実現の欲求を充足することから生じる効果とは、異なるものであると推論する。

回避欲求の充足は、人間の不満足を減少させる効果をもつ。しかし、それは人間の積極的な満足を増大させ、それによって人間を真に動機づけるという効果はもたない。これに対して、自己実現欲求の充足は人間に積極的な満足の増大をもたらし、それによって人間を真に動機づける効果をもつ。しかし、人間の不満足を減少させるという点では、それほど効果をもたない。

ハーツバーグのこれらの命題は、革新的な命題である。それは、モチベーション現象を解明するうえで、1つの大きな貢献を行う可能性をもっている。ハーツバーグは、これらの命題の真偽を確かめるために実証的研究を行っている。

こうした命題が、人間の「満足」や「不満足」にかかわりをもつ。「満足要因」は、達成、承認、仕事そのもの、責任、昇進の5つであり、「不満要因」は、会社の政策と経営、監督技術、給与、上役との対人関係、作業条件が主要なものである。これらの要因は、いずれも短期的な職務態度変化を生みだしている。

「不満要因」は、仕事の環境的側面を表わすものであり、したがってまた「職務環境要因」ともよばれる。そして、この不満要因の改善は、職務環境から生じるさまざまの不快さを軽減することになり、人々の職務不満を軽減するのに貢献する。すなわち、不満要因は本質的に環境を表わし、主として職務不満を防止する役目を果たし、積極的職務態度にはほとんど効果をもたないから、医学的用法が予防と環境を意味するのにならって、「衛生要因」あるいは「保全要因」といわれる。

これに対して、もう一方の「満足要因」は、主として職務の内容や性格に関連するもので、個人をより優れた遂行と努力に向かって動機づける効果をもつところから、「動機づけ要因」と名づけられている。

2 ハーツバーグ理論の特徴

ハーツバーグの「動機づけ―衛生理論」によって、従来のモチベーション理論とモチベーション管理をみると、不満要因あるいは衛生要因に焦点が当てられていることがわかる。科学的管理法におけるモチベーション理論は、主として賃金と物理的な作業環境に注意を払い、人間関係論においてはインフォーマル・グループに注意が払われている。したがって、もう一方の満足要因あるいは動機づけ要因は、概して無視されてきているといえる。

ハーツバーグは、このような認識に基づいて、モチベーション管理でとくに重要なことは、満足要因すなわち職務要因に注意を払い、職務の遂行と達成をとおして各人の自己実現と精神的成長に対する欲求を満たせるようにすることであるという。そして、具体的な方策として、①職務要因志向のための従業員教育、②職務拡大、③治療的ないし療法的活動、の3つをあげている。これら3つの方策のうち、もっとも重要なものは、職務拡大の処方であり、これについては次節に述べる。

ところで仕事の環境の改善は、不快さを回避する欲求の充足に役立ち、不満を防ぐ予防衛生的な機能を果たす。しかし環境要因の改善は、自己実現を求める欲求の充足にはほとんど役立たず、人間を真に動機づける力をもたない。人間を真に動機づけるためには、自己実現を求める欲求を充足しなければならず、そのためには個人がその職務の遂行と達成をとおして、自己実現欲求を充足できるようにすることが必要である。すなわち、職務要因の改善が必要である。

このように、人間の自己実現欲求を満たし、人間を真に動機づけるための方法として、とくに職務要因の改善を明確に主張したところに、ハーツバーグの大きなユニークな貢献が認められる。それは、新しい管理システムの設計という課題に対して、1つの方向を示すものである。

3　職務拡大の方策

伝統的な管理システムにおいては、従業員は計画職能や統制職能から分離された作業職能に従事する。その作業は、作業能率を高めるために、できるだけ標準化され単純化される。その結果、作業者は単純反復的な作業に従事することになる。作業者が、作業の遂行と達成によって、自己実現欲求を満たすことは不可能であるといえる。

これに対して、新しい従業員モデルに適合する新しい管理システムは、伝統的システムに定着している職務の世界に革新がもたらされ、職務の遂行と達成をとおして自己実現欲求を満たすことができるように、各人の職務の内容を再構築し充実するシステムである。これを実現するための方法が、職務拡大（job enlargement）である。

職務拡大には、2つの種類がある。1つは、職務の水平的拡大（horizontal job enlargement）であり、もう1つは、垂直的拡大（vertical job enlargement）である。

職務の水平的拡大　これは、同じ種類の職務の追加によって拡大する方法である。すなわち、作業の流れのなかで作業者が担当する作業の数を増やす方法である。具体的には職務の水平的拡大のために、作業のローテーションが実施されたり、細分化された作業を1つのまとまりのある作業に統合化することなどが行われる。

職務の水平的拡大が行われると、職務はより複雑になり、よりバラエティに富んだものになる。また断片的な職務が、連続した1つのまとまりのある職務に変えられる。さらに水平的拡大の結果、職務遂行の困難度は増大する。このような職務内容に変化をもたらすことによって、その職務に従事する人に、自己実現欲求を充足させるための1つの機会を提供する。

しかし職務の水平的拡大は、職務の作業的側面の拡大である。すなわち、職務の作業的側面は拡大し充実するが、作業者は作業職能に従事するだけで、作業職能と計画・統制職能の分離の事態を改善するものではない。したがって、水平的拡大が自己実現欲求の充足に貢献するといっても、その貢献は限られたものとなる。

職務の垂直的拡大　これは、計画および統制職能の面における職務の拡大である。すなわち、これまで監督者やスタッフに専有されていた計画と統制の分野に、作業者が入り込んでいくように、作業者の職務を拡大する方法である。したがって作業者は、単に作業を行うだけでなく、計画や統制の活動も行うようになる。

職務の垂直的拡大が行われることによって、作業者は、自分で目標を立て、その目標を達成するために努力し、結果を検討し、必要なときにはコントロール行動をとるようになる。すなわち職務の垂直的拡大は、自主的な管理のシステムを作り上げる。従業員は、自分の行動が上司によって決定されるのではなく、自主的に決めることができる。したがって、これは、従業員が自己実現欲求を充足するのに適した管理システムである。

拡大された職務は、計画や統制職能を含み、単純反復的な職務ではない。新しい職務は、複雑であり変化に富んでおり、さらにかなり高度の創造性や工夫力を要求する。従業員は、職務の遂行の過程で、各種の能力や個性を十分に発揮することができ、達成感を味わうことができる。

第6章

協働システムとしての組織

経営組織について、バーナードは「意識的に調整された2人ないしそれ以上の人々の活動および勢力のシステム」として定義している。こうした組織概念の前提には、各個人の能力の限界のために生じる「協働システム」がある。すなわち、他人との協働によって自己の動機や目的を達成しようとする。その結果、個人では達成不可能な目的を達成できるところから、単なる個人の総和以上の成果を期待することができる。本章では、このような「協働システム」としての組織について検討する。

第1節　協働システムの概念

1　協働システムの生成

バーナード（C. I. Barnard）の組織論の基礎として、協働システム（co-operative system）の概念がある。

その基本的仮説として、合理性の制約のうえで一定の目的を達成しようとする意思をもち、合目的的に行動する個人の行動が前提とされている。ところが、目的の前には必ず限界（limitation）が存在し、目的と限界との距離を克服するために意思決定が行われる。そして限界を克服していくことが、目的を達成する手段となる。

たとえば、1人の人が大きな石を動かそうとしているとする。その人の直接の目的は、石を動かすことにある。しかし、そこには石が大きすぎるという限界がある。この場合、その限界には、①その人の生物学的能力と、②環境の物理的条件との2つの要素がある。「その人には石が大きすぎる」という場合には、物理的環境が限界的要素であり、「その石にはその人が小さすぎる」というのは、個人の生物学的な能力が限界要因となっている。

しかし、そのいずれの見解も正しいものではない。その場合の目的に対する「限界」は、個人の能力と環境的条件とのいろいろな要因からなる全体状況（total situation）の統合的な結果である。人間は、1つの目的を達成するために全体状況に接近する場合、全体状況を構成する部分のなかで変えられる限界的要因を選択し、この限界要因を変えることによって全体の状況を変え、限界を克服することができる。

前例で、もし石を割ることができ、それによって1人で石を動かすことができれば、環境の物理的条件が限界的要因となり、その限界的要因の克服に力を集中するであろう。しかし、そのような環境の物理的条件を変えることが不可能であるか、あるいは不適当であるときは、個人の生物学的能力が限界的要因とされて、他の人の援助を借りて石を動かすことになるであろう。

このように目的と限界との距離を克服し、目的に対する限界を克服していくことが、人間の合目的的な行動である。そして、個人の生物学的能力（単に肉体的能力だけでなく、知覚の能力や判断力や、意思決定の能力をも含む）と、環境的条件との間の限界を克服する手段として、協働システムが成立する。

2　協働システムと個人の関係

協働システムが成立すると、それはそれ自体で参加者個人の目的と離れて、共同的な目的をもつようになり、その目的は個人的なものでなくなる。バーナードによれば、「協働システムは、個人に対する意識的かつ合理的な関係をもつ」と述べている。

協働システムと個人との間の合理的な関係は、次の2つの側面からなっている。第一の側面は、協働の目的を達成するために、個人の行動を協働システムにどのように組み入れるかという側面である。それは、「生産システム」の面である。

そこでは、協働システムと個人は、機能的な関係にたっている。協働システムの目的が達成されたときに、生産システムとしての協働は効率的に行われたということができる。協働の効率は、協働の目的から判断されるのであり、個人の目的からは判断されるものではない。この側面においては、個人は協働システムの1つの機能的な対象物と考えられている。

第二の側面は、個人が協働を継続する意思を確保するために、個人の動機を満足するという組織と個人との関係である。それは、「配分システム」の面である。協働システムの能率は、個人の動機が満足される度合いにかかっている。そこでは、協働システムの能率は、個人の立場から判断されることになる。

バーナードは、「協働システムの能率の唯一の尺度は、それが存続する能力である」といっている。協働システムは、その配分システムをつうじて、個人の動機を満足することができなければ、その個人は協働システムへの参加を中止することになり、協働システムは存続できなくなるからである。

このように、協働システムと個人との合理的な関係についての二元的側面の認識は、バーナードの組織論における基本的な概念体系の前提となっているものであり、その理論的内容は「組織均衡論」として展開されている。

3 協働システムの構造

協働システムにおいては、協働を促進するために機械設備や建物などの物理的手段を必要とする。こうした物理的手段の体系を、バーナードは「物理的システム」(physical system)という。また、他の組織との関係において、生産物や原材料を交換する社会的関係をもつようになる。これを「社会的システム」(social system)とよんでいるが、それは交換システムの意味である。さらに協働のなかには、いろいろな人間社会的関係がみられる。協働に参加する各個人の相互間に、また個人と集団との間に人的関係が生まれる。これは「人的システム」(personal system)とよばれる。

このように協働システムは、物理的システム、社会的システム、人的システムなどの下位システムから成り立っているが、協働システムの中核にある下位システムは「組織」である。この場合、組織は「共通の目的のために調整された2人以上の人間の行動システム」を意味している。すなわち組織は、一定の目的を達成しようとする人間の合目的的な行動のシステムである。物理的システムなどの他の下位システムは、組織によって働きかけられる客体のシステムであるのに対して、組織は主体のシステムである。

協働システムは、環境の変化に適応することによって存続することができる1つの適応的システム（adaptive system）である。すなわち協働システムは、環境から断絶した閉鎖システム（closed system）ではなく、環境の変化に動態的に適応することによって存続し、成長する適応的システムの性格をもつものである。

第2節　組織の基本概念

1　組織の定義

バーナードは、「組織は、集団ではなく、協働の関係であり、それは、人間の相互作用のシステムである」と述べている。すなわち、伝統的組織論における組織を「人の集団」とみる集団概念を斥け、組織は、共通の目的の達成のために人間が協働する関係であり、人間の社会的な相互作用のシステムであるとしている。

こうしてバーナードは、「組織とは、2人またはそれ以上の人間の意識的に調整された行動または諸力の体系である」と定義する。このような組織の定義については、さらに次のような基本的諸概念が含まれている。

人間行動の概念　バーナードは「組織というシステムは、人間の行動からなるシステムである」と述べている。すなわち、組織の実体をなすものは人間の行動であるとすることによって、組織の形式的な側面ではなく、組織の実体的・本質的な側面を解明することを可能にしている。

システムの概念　バーナードは「組織は調整された人間行動の客観的なシステムである」という。すなわち、人間の行動を1つのシステムとして形成するものは、異なった個人の行動が調整されることによる。このように諸活動が一定の方法で調整された関係を、システム（system）ということができる。

創造性の概念　組織は1つのシステムであり、システムは、部分からなる全体を形成している。全体は部分の単純な総和以上のものであり、部分に内在しなかった特性がシステムにおいて創造される。組織は1つのシステムであるから、組織自体が創造性をもつという基本概念が成立する。

時間の概念　組織は、システム化された人間の合目的的な行動であり、これは一定の物的な対象や物的環境に対して行われることが多いために、組織は空間の次元で捉えられやすい。しかしバーナードは、組織を時間の次元で捉えることが基本的に重要であるとしている。時間的な存続ということが、組織の基本的な価値をなしている。

2　組織の存在目的

バーナードは、また組織の存在目的について、「協働システムの基本的な側面は、個人の生物学的能力と自然的環境との間の関係における限界を克服するために、2人またはそれ以上の人の活動を調整する効果である」と述べている。

すなわち、協働システムの基本的な部分はここにいう組織であり、組織の存在目的は、個人の能力と環境との間の限界を克服することにある。したがって、環境の変化によって新しく限界要因が変われば、組織の目的も変わらなければならない。

ところで、協働システムの実体は、きわめて「多様性」に富んでいる。そこでは、物理的要素、生理的要素、個人的要素、社会的要素が複雑に絡み合っているからである。バーナードは、こうした多様性による組織間の差異を排除して、なお残るものとして「活動のシステム」に着目している。しかし、このように組織を活動のシステムとして理解する立場は、分析概念としては広すぎて、十分に精密な理論的解明を試みる場合には、制約されるといわなければならない。

また、バーナードの組織の定義の前提として「調整」とか「システム」という概念があげられているが、これらの概念は近代組織論においては、大きな意味をもっているといわなければならない。すなわちシステム論的にいえば、異質の動機をもつ複数の個人から協働システムが形成され、それは独自の目的・行動を生み出す。しかも協働システムが成立すると、それを存続させようとする力が働く。すなわち組織は、不断に前進する1個の活動体として、自律的機能をもつ生存システムであるということになる。

また組織内部においては、各意思決定者間に、さらに単位組織相互に、たえず意思決定をめぐるコンフリクトが存在している。それを解決するために、情報を媒介とした各管理者の意思決定のための相互依存的なネットワークが形成される。そこには、フィードバック機構があり「調整」の作用が存在する。すなわち、そこでは絶えず組織内部における「多様性」を調整することが要請されることになる。

このように、バーナードによれば、組織の考察においては、協働のシステムとしての組織の理解と、多様性についての調整という概念が、そのキーワードであるということができよう。

第3節　組織の基本的要素

1　共通の目的

バーナードによれば、すべての組織には、次の3つの要素が必要かつ十分な条件となっており、外部の環境に適応した方法で、これらの3つの組織要素が結合されることによって、組織の生成と存続が可能となる。

(1)　共通の目的（common purpose）
(2)　協働的意思（willingness to co-operate）
(3)　コミュニケーション（communication）

組織の第一の基本的な要素として「共通の目的」があげられる。そして目的の設定、その分割や変更などの問題が、組織の構造と過程の両面において、一貫して基本的な重要性をもつ要素とされている。

目的なしには協働は行われない。協働の明確な目的なしには、協働への意欲も生じない。また組織における各個人が、どのような行動を行い、どのような意思決定を行うかは、組織の目的によって決まってくる。したがって組織の目的によって、各個人の行動や意思決定が統合されることになる。

組織にとって不可欠な要素である目的について、バーナードは、次のような問題点があることを指摘している。

目的の受容　組織の目的は、組織の構成員である各個人によって理解されるだけでなく、受容されなければならない。組織の目的を各個人が受容しなければ、各個人の行動や意思決定は、組織の目的に対して合理的に行われないからである。組織の目的を受容する度合いは、各人の協働的意思に依存している。

協働的理解と主観的理解　組織の目的を各個人が理解する場合、協働的な理解と個人の主観的理解との間に、矛盾を生ずることがある。協働的な理解とは、各構成員が個人の立場を離れて組織全体の利益の立場から、組織の目的を客観的に理解することを意味している。これに対して個人の主観的理解とは、個人の主観によって組織の目的を理解することである。

目的が単純で有形的なものであるときは、両者の理解の間に矛盾を生ずることはまれである。これに対して、組織の目的が無形的なものであったり一般的である場合、両者の間に矛盾を生ずることが多い。したがってバーナードは、「協働システムの基礎として役立つ客観的な目的は、組織の参加者によって組織の決定的目的として信ぜられているものである」と述べている。

組織人格と個人人格　組織の目的と、組織参加者の個人的な目的とを区別することが必要である。バーナードによれば、組織への各参加者は、組織人格(organization personality)と、個人人格(individual personality)との2つの面をもっているという。前者は、個人が組織の共通目的のために合理的に行動する人格の側面を指し、後者は、個人的目的ないし動機を満足するために、合理的に行動する人格の側面を指している。

組織の共通目的は、外部的、非個人的、客観的なものであり、個人的目的は、内部的、個人的、主観的なものである。もちろん、組織の目的の達成によって間接的に個人の動機も達成されることがあるが、組織の目的は個人の動機に対して直接的な関係をもたない。このように、組織の目的と個人の動機とは本来、一致するものではなく、両者の間には矛盾や背離があることに注意しなければならない。

環境の変化と組織の目的　組織は、共通の目的を1つの要素としているが、環境の変化に適応して組織が存続するためには、組織の目的はつねに変更されることになる。環境や情況にてらして組織の目的を具体化すること、また環境の変化に組織の目的を適応させることを決定することは、経営者の重要な職能である。

2　協働的意思

組織の第二の基本的要素は、協働的意思である。組織の中核をなすものは、人間の合目的的な行動であり意思決定である。人間の行動や意思決定は、動機を満たそうとする人間の心理的動機の結果として生ずる。したがって参加者の協働的意思は、組織にとって不可欠の要素となる。

協働的意思は、組織の目的に個人の努力を貢献しようとする意思（willingness）である。その意思は、「個人の行為に対する支配を組織に委託することであり、個人の行為の非個人化（depersonalization）である」と定義されている。その協働的意思の効果として、各個人の努力の凝結が行われる。協働的意思なしには、協働のために貢献する個人の努力は持続されないからである。

こうした協働的意思は、従業員や経営者などの内部の構成員だけでなく、株主や消費者などの外部の構成員にもあてはまる。すなわち、従業員が組織への協働的意思を失えば、組織から離脱するであろう。そうすれば、組織の存続は困難になる。また、株主が組織への協働的意思を失えば、その出資を引き揚げるために組織の存続は困難になる。さらに、消費者が組織の提供する製品またはサービスを購入する協働的意思を失えば、その組織の維持は困難になる。このように組織の内外の構成員の協働的意思の継続は、組織の存続に不可欠な要件となっている。

バーナードは、組織における協働的意思について、次のような問題を提起している。

協働的意思の強度　協働的意思は、その強度において大きな個人差がある。協働的意思の積極側にたつ非常に強いものから、低いもの、零のものにおよび、さらには敵対や憎悪などの消極側にたつものさえ含まれている。すなわち1つの組織の構成員であっても、組織に対する協働的意思の零のものも多いということが、現実の顕著な事実である。

さらに、フォーマルな組織の規模が大きく包括的であればあるほど、構成員の協働的意思は低く、あるいは消極的である。これに対して、組織単位が小さければ小さいほど、消極的な協働的意思をもつ人は少なくなるという。ここに、構成員の協働的意思の強度は、組織単位の大きさに反比例するという法則がえられる。この法則から、複雑な大組織はすべて小さな単位組織の複合体であり、組織の成長は小さな単位組織の細胞分裂によって行われるということになる。

協働的意思の不安定性

個人の協働的意思の強度は、安定的なものではなく常に変動している。すなわち、組織の参加者の協働的意思の強度は、間欠的であり変動的である。したがって強い協働的意思をもつ人の数や、消極的な協働的意思をもつ人の数も、変動している。その結果、組織に対する参加者の協働的意思の総体も、本来、不安定である。

参加者の個人的決定

協働的意思は、組織への参加者の個人的決定によって生じる。バーナードによれば、「協働する意思は、まず、協働への誘因をその犠牲と比較した場合の効果であり、次に、代替的機会によって提供される実際に利用可能な満足と比較した場合の誘因の効果である」と述べている。

ここでは、組織への参加者は、その個人的決定の側面において認識されている。個人的決定の側面においては、個人は、個人的な動機の最大満足をめざして行動する。協働的意思は、個人的決定の問題である。組織の各構成員は、その個人的決定の面では、最小の犠牲によって最大の満足を達成しようとして行動する、という仮説のもとにおかれている。

組織に個人が参加する場合、組織は個人に賃金などの形で誘因を提供する。それに対して、個人の犠牲として組織への一定の労働時間の提供が行われる。犠牲は、組織への個人の貢献である。この場合、個人の協働的意思は、協働によって要求される犠牲と、協働から与えられる誘因との効果に依存している。

すなわち、誘因と犠牲との効果がマイナスであれば、個人の協働的意思は零ポイントを超えて消極側に立つことになる。これに対して、組織が提供する誘因が貢献と等しいとき、またはそれより大であるときは、各構成員の協働的意思が生ずる。したがって、「組織は個人の動機に依存し、個人の動機を満足させる誘因に依存している」ということになる。

3 コミュニケーション

組織の第三の基本的要素は、コミュニケーションである。バーナードによれば、共通の目的と、協働的意思をもつ個人とを結びつける過程が、コミュニケーションの過程である。

共通の目的を構成員に知らせるためには、それが伝達されなければならない。また必要な情報の伝達が行われなければ、構成員の合理的な意思決定を確保することができないだけでなく、協働的意思を確保することもできない。このように、組織においてはコミュニケーションの概念は、一貫して重要性をもっている。

組織においては、意思や情報の伝達というコミュニケーションが混乱しないように、コミュニケーションを統一するために、単位組織の長として1人のリーダー、つまり管理者を必要とする。したがって、管理職位を設定することはコミュニケーション・システム（system of communication）を設定する具体的な方法であり、管理職位はそれぞれコミュニケーション・センター（communication center）となる。そして、このコミュニケーション・システムを設定し維持することは、フォーマルな組織の第一次的な継続的な問題であり、経営者の主要な職能であると考えられる。

さらにバーナードは、「組織の1つの包括的理論において、コミュニケーションは中心的な位置を占めるであろう。それは、組織の構造、広がりや範囲は、ほぼ全面的にコミュニケーションの技術によって決定されるからである」と述べている。このように、組織の形態、専門化や分権管理の態様は、コミュニケーションの技術によって決定されることが多いことから、重要な意味をもっている。

第4節　組織の基本原理

1　組織の効率

組織が成立し存続するためには、共通の目的、協働的意思とコミュニケーションという3つの要素のほかに、さらに次の2つの組織の基本原理が必要とされる。

(1)　組織の効率（organization effectiveness）
(2)　組織の能率（organization efficiency）

組織の第一の基本原理である組織の効率とは、組織の目的を達成する能力ないし達成の度合いを意味している。組織の目的を達成することができなければ、組織は崩壊しはじめるであろう。したがって組織の効率は、組織が存続するための不可欠の条件であり、その基本的な原理の1つとなる。

組織の効率は、目的を達成するための手段の合理的な選択という問題であるとともに、組織の環境条件と組織行動の適切さとに複合的に依存している。組織の目的は、環境条件に適応して、常に具体的な形で設定されなければならない。環境条件が変化すれば、それに適応して目的を変更したり、あるいは新しい目的を設定するための意思決定が行われる。その意思決定に失敗すれば、組織の効率は低下し組織は崩壊しはじめる。また古い目的を達成すれば、それに代わる新しい目的を設定しなければ組織は衰退していく。
組織の効率を達成するためには、環境やその変化に対して組織目的を具体化したり、変更したりする環境適応的な意思決定が重要であり、いい換えれば環境適応に対する経営者の戦略的意思決定の職能が重要な問題となる。

2 組織の能率

組織の第二の基本原理として、組織の能率がある。バーナードによれば「組織の能率とは、協働システムに必要な個人の貢献を確保することに関する能率である」という。また、「組織の生命は、その目的を達成するのに必要なエネルギーの個人的貢献を確保し維持する組織の能力に依存している」と述べている。

組織の能率とは、組織の目的の達成に必要な各参加者の貢献を確保し維持する能力である。そして、各参加者の貢献を確保し維持するためには、組織は各参加者に対して、十分に効果的な誘因を提供する能力をもたなければならない。したがって、バーナードは、「組織の能率は、システムの均衡を維持するのに十分な量で、効果的な誘因を提供できる組織の能力である」と述べている。

このように、組織の能率に対する尺度は、組織が存続するかどうかということである。したがって組織の能率は、組織の存続のための基本的原理となっている。

第5節　組織の均衡の条件

1　組織存続の理論

バーナードによれば、「組織に適用される場合の能率（efficiency）の意味は、個人の活動を誘因するのに十分な程度に個人の動機を満足することによって、組織活動の均衡を維持することにある」と述べている。

ここで、組織の目的の達成に寄与する個人の活動を貢献（contribution）といい、組織が各個人の動機を満足するために提供する効用を誘因（inducement）という。誘因は、個人の動機や目標を満足させる経済的および非経済的な効用を意味している。

組織が、各参加者個人に提供し配分する誘因は、各個人の貢献に等しいか、あるいは誘因が貢献より大であるときに、組織への参加によって個人の動機や目標が満足される。このような条件のもとに、参加者は組織への参加を続けることによって、はじめて組織は存続し成長することができる。

組織の均衡の条件は、次のように表すことができる。

貢献 ≦ 誘因

このように、貢献と誘因との均衡が組織の均衡であり、組織の均衡が維持されるときに初めて組織は存続し成長する。反対に、組織の均衡が達成されないときは、組織は衰微しついには死滅してしまう。したがって組織均衡の条件は、各参加者が組織への参加を続けるかどうかの意思決定の問題であるということになる。

2　組織均衡の二元的側面

組織の均衡が維持されるためには、各参加者の貢献を引き出すのに十分な誘因が、各参加者に配分されなければならない。ところが配分される誘因の原資は、各参加者の貢献がプールされた総合成果である。貢献のプールから各参加者に誘因の配分が行われ、それが継続的な貢献を引き出すのに十分であるときに、組織は存続し成長する。

このように組織の均衡の過程は、各参加者に誘因を配分する配分の過程と、誘因の原資となる貢献の成果を生産する過程とから成り立っている。そして組織の均衡は、組織的配分の過程と組織的生産の過程という、2つの過程における経済性に依存しているということができる。

バーナードによれば、組織は次の2つの過程からなるものとしている。

(1)　環境の変化に全体として組織を継続的に適応させていく過程
(2)　満足をつくりだし、これを構成員の各個人に配分する過程環境の変化に適応していくことによって、効用を生産する過程で意思決定の基準となる原理は、組織の効率(effectiveness)の原理である。このように生産された効用を、各参加者に誘因として配分し組織の存続をはかる過程で意思決定の基準となるものは、組織の能率(efficiency)の原理である。

組織が、意思決定の過程をつうじて環境の変化に適応していくことによって、組織の効率が達成される。すなわち、意思決定の連続した過程を経て、組織が全体として環境の変化に適応していくことにより、環境に対する組織の対外的均衡を維持することが、組織の効率の重要な原理であるといえる。

他方では、生産された成果を誘因として、各参加者に配分していく意思決定の原理が、組織の能率の原理である。ここでは能率の原理は、誘因の配分の経済性によって誘因と貢献の均衡を達成し、参加者の満足を確保する原理である。それは、組織とこれに参加する個人との均衡の関係、いい換えれば組織の対内的均衡であるといえる。

このように、誘因と貢献のバランスを、組織の効率としてみるときは、それは組織と環境との均衡を意味しており、これを組織の能率としてみるときは、それは組織と個人との均衡を意味している。したがって組織の均衡は、組織の対外的均衡と対内的均衡とからなる二元的側面をもっている。

第7章

意思決定のシステムとしての組織

組織の理解に関して、サイモンはバーナードに大きく依存しながらも、視点を狭めて活動の代わりに、各人が組織において活動する場合の前提となる意思決定―選択問題に注目した。そして、さらにその意思決定の前提を問題としている。すなわち、個人の選択問題においては、意思決定によって目的が実現するとは考えないで、その目的の上位にある価値的前提や、目的を実現するために必要な事実的前提を問題とした。そして、正しい人間行動の理論を構成するためには、意思決定の前提を十分に認識することによって、行動は予測可能なものとなるとしている。このように、サイモンの組織観は、多様な意思決定のネットワークとして形成される。本章では、こうした意思決定のシステムとしての組織について検討することが課題である。

第1節　組織における意思決定の概念

1　意思決定の概念

組織における人間行動は、作業（doing）と意思決定（decision-making）との2つの側面からなる。すべての作業の前には、意思決定が先行する。そして意思決定の合理性が、成果を大きく決定づける。バーナードは、「組織の本質は、調整と意思決定の過程である」として、組織の本質を意思決定の過程に求めている。サイモンも、意思決定を組織行動の本質的な統一概念であるとしている。

意思決定は、単にトップ・マネジメントのレベルで行われるだけでなく、組織のあらゆるレベルにおいて、また作業者のレベルにおいても行われる。トップ・マネジメントは、経営目的や全般方針を決定する。ミドル・マネジメントは、トップの決定した全般目標や全般方針を実行に移すために、部門の目標や計画を決定し、それを下位のレベルに伝達する。下位レベルの監督者層では、日常的な生産計画や作業割当について決定を行う。

さらに作業レベルでも、どのような労働対象にどのような作業方法を適用するかについて、狭い範囲ではあるが自由裁量の余地をもっている。このように意思決定の問題は、組織のあらゆるレベルにおいて、さらには作業者のレベルにおいても行われているのであって、組織の全体をおおっている。そしてさらに組織の各レベルにおいて、意思決定と作業とは、両者の境界線が明確でないほど密接に結び合わされている。

一般的な意味では、意思決定は、目的を達成するために2つ以上の代替的な手段のなかから1つを選択する過程である。しかし経営組織においては、このような一般的な意味での意思決定は明確な対象とはならない。経営組織における意思決定は、組織のなかで組織をつうじて行われる意思決定の過程である。

2　個人的な意思決定

組織に参加する個人の行う意思決定は、個人的決定（personal decisions）と、組織的決定（organizational decisions）との2つの種類に分けられる。

まず個人的な意思決定は、組織に参加する個人が、個人的な選択の問題として、その組織に自分の努力を貢献するかどうか、あるいは貢献し続けるかどうか、について行う意思決定である。したがって個人的決定は、組織にたいする貢献と誘因とを比較評価して行われる合理的な過程である。また個人的決定は、個人の目的や動機を満足させるための意思決定であるから、組織行動の過程を形成するものではないが、経営組織においては重要な要素となっている。たとえば、組織の不可欠の要素である組織構成員の協働的意思は、個人的決定の問題である。

そこで、次に組織公準を列挙する。

公準一　組織は、組織の参加者といわれる人々の相互に関連した社会的行動のシステムである。

公準二　それぞれの参加者、および参加者の集団は、組織から誘因を受け、その見返りとして組織に対して貢献する。

公準三　それぞれの参加者は、提供される誘因が、彼が行うことを要求されている貢献と等しいか、それよりも大であるときにのみ組織に参加する。

公準四　参加者のさまざまな集団によって供与される貢献が、組織が参加者に提供する誘因を作り出す源泉である。

公準五　貢献が十分あって、その貢献を引き出すのに十分な誘因を供与している限りにおいてのみ、組織は「支払能力」がある。

すなわち組織参加者は、これらの組織公準に従って、組織が提供する多様性（貢献と誘因）を比較秤量して意思決定を行う。もし組織参加者が受け取る誘因が、要求水準（aspiration level）以下であれば参加者は不満を抱き、最悪の場合には組織を離脱するかもしれない。この意味で、参加者の満足とは賃金や余暇などからなる多様性（誘因効用）から、参加者の能力に依存する効用（貢献効用）を減じた値が、負にならないことをいう。すなわち、満足＝誘因効用－貢献効用≧0のとき、参加者はその要求水準から定まる満足水準に従うという。

この満足水準に従って、参加者は、ⓐ組織を離脱、ⓑ組織に参加・貢献、ⓒ組織に参加・非貢献、の行動のどれかを選択することになる。もしⓐやⓒを選択させる組織ならば、その組織効率は悪く組織の発展は望めない。そこで、いかにしてⓑを選択させるか。そのための工夫として、組織は、さまざまな誘因効果をもたなければならない、ということになる。

3　組織的な意思決定

組織的な意思決定は、個人の目的に直接の関係がなく、組織の目的を達成するために、またその効果の観点から、客観的に組織参加者の行う意思決定である。組織的決定は、組織の構成員である個人によって単独に行われることもあるが、その目的と効果において、非個人的なものであり組織的なものである。また組織的決定は、そのプロセスにおいて、複数の個人に分業されることが多いという意味でも組織的である。

組織では、通常、他人の意思決定を、自己の意思決定の前提の一部として受け入れる力が作用する。これが「調整」の場合もある。しかし、これで十分であるとはいえない。

たとえば、ある部長がAという指示を課長に与えたとする。これに対して、課長はaという行動を、職務分掌上、慣習的にとることになる。しかし慣習のなかには、a以外にもa_1、a_2、…、a_nという多様ななかからの選択である場合が多い。このなかのどれを選択するかは、課長の自由である。課長は、与えられた情報を自分自身の価値判断によって選択しなければならない。したがって職務遂行上、職務分掌は慣行化されているようでも、ある程度の実行上の自律性が要求されることになる。

この自律性こそ「調整」過程にほかならない。つまり、課長がa_1かa_2の行動を選択することで、部下の係長の行動を左右し、他部門の連係する仕事にも影響を及ぼすことになる。したがって他の管理者の行動は、自らの行動を選択する差異の環境であり、しかもそこには選択に対する多様性が内在していることがわかる。

このように、個人的な意思決定と組織的な意思決定とは、その決定の過程において大きく異なっている。すなわち、個人的決定は、通常、他人に委譲することができない。他人に委譲されれば、もはやそれは個人的決定ではなくなる。これに対して組織的決定は、多くの場合、他の構成員に委譲される。重要な決定が、トップの経営者1人で行われるとしても、その決定に至るまでに多数の補助的な決定が、多数の下位の管理者によって行われているのが常である。

また、重要な決定がトップの経営者によって行われる場合、その決定を執行するための具体的な決定は、下位の管理者に委譲される。したがって組織的決定の職能は、組織構造のなかに占める各管理職位に配分されることになる。組織的決定の責任が各職位に割り当てられてはじめて、組織的決定に対する責任が管理者の個人的な責任となる。

第2節　組織的意思決定の生起誘因

1　意思決定の生起誘因

バーナードは、組織における意思決定の中心となっている各管理者が意思決定を行う場合、次の3つの意思決定の生起誘因（occasions of decisions）を区分して、それらの間にバランスをとることが必要であるとしている。

第一の生起誘因　管理者の意思決定の第一の生起誘因は、上級の職位からの命令や要請によるものである。この場合、その管理者の意思決定は、上級者の命令を自分の部門や情況に適用するために、命令の具体的な解釈や適用について行われる。管理者は、この意思決定を部下に委譲することができるが、この第一の生起誘因による意思決定の責任を回避することはできない。

第二の生起誘因　管理者の意思決定の第二の生起誘因は、部下から決定を上申してくる場合である。しかし決定の上申のケースが多すぎるのは、管理組織やインフォーマルな組織に欠陥があったり、過去の決定が悪かったためであることが多い。したがって、決定の上申のケースを最少にし、また管理者は、例外的に重要な決定事項や部下に権限委譲のできない決定事項についてのみ意思決定を行い、その他の意思決定を拒否することが、好ましい意思決定であるということができる。

第三の生起誘因　管理者の意思決定の第三の生起誘因は、自己の創意によって意思決定を行うことである。こうした意思決定の効果は、一方では管理者が情況を理解する能力に、他方では組織のコミュニケーション・システムの性格にかかっている。すなわち、これは自己の創意に基づいて、経済的、技術的あるいは社会的な情況を理解し、そこから問題を発見し、その問題を解決するために意思決定を行うケースである。

これらの3つの生起誘因のうち、上級者からの命令や要請の誘因によって、あるいは部下からの上申の誘因によって、管理者が意思決定を行う場合には、あらかじめその人に権限が帰属され、その権限は問題なく部下に受容されている。ところが、管理者が自己の創意によって意思決定を行う場合には、その人の権限がつねに問題となる。すなわち、その意思決定が必要か、意思決定のタイミングが正しいか、あるいはその意思決定がその人の決定責任の範囲の決定か、などの形で権限が問題となる。

反対に、特別の緊急の場合を除いて、意思決定を行わなくともその管理者はとくに攻撃されることはない。したがって、創意に基づく意思決定は一般に回避される傾向がある。このような決定責任の回避の傾向があることを指摘したのち、バーナードは、管理者のもっとも重要な任務は、自己の決定責任の範囲において、他の人が効果的に取り上げることができない問題を、自己の創意によって意思決定を行うことであるとしている。

組織のフォーマルな構造において、決定の責任の範囲は各管理者に割り当てられるとしても、現実にその決定の権限が行使されるかどうか、その権限が受容されるかどうかは、管理者の創意と能力にかかっている。こうした意思決定の第三の生起誘因に着目し、環境分析をつうじて問題を発見し意思決定を行う管理者の創造的な任務を重視することは、組織における革新（innovation）の職能に注目する立場であるということができる。

2　組織の各段階における意思決定

バーナードによれば、意思決定は、作業段階を含めてあらゆる組織段階で行われるが、組織の各段階によって意思決定の種類と条件は、次のように異なることを指摘している。

最高管理段階　この段階では、追求される全般的な経営目的についての決定が中心となっており、目的を達成するための手段についての決定は二次的な意味しかもたない。とくに、幹部人事や組織開発のための決定が行われる。

中間管理段階　この段階は、ここでは部課長の段階を含んでおり、広範な経営目的を特殊の目的に具体化したり、技術的、経済的な問題が意思決定の主な対象となる。

現場段階　この段階では、組織的行動が技術的にどのような方法で行われるかが、意思決定の特徴的な対象となる。同時に、最終の権限は下部の現場段階にあるから、この下部段階では、組織の目的に貢献する協働的意思があるかどうかについての各人の個人的決定が、総体的に最大の重要性をもっている。

もちろん最高ないし中間の管理段階においても、各管理者は、組織の目的のために合理的な決定を行うと同時に、組織の目的に貢献し続けるかどうかを、個人の利害から決める個人的決定を行う立場にもある。管理者も協働的意思を失えば、その企業から離脱して、他の企業に移る個人的決定を行うことができる。

作業者の段階では個人的決定が総体的に最大の重要性をもつのに対して、管理者層は、組織の存続という維持価値が管理者の個人的誘因として働くから、組織との一体感が強く個人的決定はあまり問題にならない。作業者層は、労働組合に組織化されており、協働的意思の低下は労使関係を悪化させ、労働争議に発展する可能性を考慮しなければならない。

また、管理者と作業者との意思決定の本質的相違は、管理者の意思決定が主に組織的決定であり、作業者の意思決定は主に個人的決定である、とはいえない。作業者にも組織的決定が要請され、管理者もまた個人的決定の側面をもっているからである。このことから、作業者の意思決定は、機械を運転したり材料に加工したりする作業の形で、物理的環境に直接に作用する。これに対して管理者の意思決定は、組織の他の構成員の適切な意思決定や行動を促進するために作用する。

個人の意思決定は、社会的に条件づけられた心理学的な過程であり、慣習的・反応的な過程の性格をもつのに対して、組織的意思決定は、本来、論理的な過程であり、より高度の合理性をもっている。また、組織を離れた個人の意思決定にはみられない高度の意思決定の思考過程や、意思決定の技術を発展させる可能性をもっている。

第3節　組織的意思決定の過程

1　意思決定の目的

組織においては、意思決定は普段に行われている。バーナードによれば、意思決定の客観的な領域として、①目的と、②環境との2つの要素をあげている。一方において、達成しようとする目的が存在し、他方において、目的の達成を制約しあるいは促進する物理的・経済的・社会的な環境が存在する。そして、目的と環境との間にはギャップが存在するので、環境の要素を変えるか、あるいは目的を変えるかによって、両者の関係を規制することが意思決定の機能となる。

組織において新しい意思決定を行う場合、現在の目的は過去の条件下における意思決定の結果であるから、その目的は、新しい意思決定に対しては1つの客観的な事実として取り扱われる。とくに組織的決定の場合には、組織目的は、つねに新しい決定を行う人にとって1つの客観的な事実として受け入れられる。

目的があってはじめて環境が意味をもつから、目的なしには、複雑多岐にわたる環境は無意味なものとなる。目的を意識することによって、目的の達成を制約あるいは促進する要素や中立的要素などが、複雑な環境のなかで意識され識別される。すなわち目的の見地から、環境ないし情況が、制約的か促進的かあるいは中立的かが識別される。こうした複雑な環境の識別化を行う基礎は、目的の設定によるものである。

反対に、環境を除外しては、目的は何らの意味ももたない。環境が漠然としか識別されないときは、一般的な目的しか確定することができない。しかし、一般的な目的が設定されるときは、一般的な環境をより具体的な環境に識別していくことが行われる。より具体的な環境が識別されることによって、一般的な目的は、より特定的な目的に具体化されていく。そして、環境の識別がさらに詳細に進められることによって、目的の具体化がさらに進められ、ついには詳細な具体的な目的が、同時に目的の達成行動そのものになっていく。

このように目的と環境とは、継続的な意思決定をとおして相反応しながら、ますます詳細に具体化されていく。たとえば、売上高を拡大するという経営目的を設定した場合、その経営目的は一般的な漠然とした性格のものである。しかし、この一般的な目的が設定されることによって、市場調査や消費者調査をとおして市場環境の識別化が行われる。その結果、かなりの潜在需要が存在することが判明したとすれば、それは売上高拡大の目的に促進的な市場情況が識別されたことになる。

この促進的な市場情況を利用するために、販売促進を行うという具体的な経営目的が設定される。すると販売促進の目的から、さらに関連した市場環境や内部資源のより具体的な識別化が行われ、それによって販売促進の具体的な行動目的が設定される。そして、ついには販売促進に従事する販売員の行動自体にまで目的が具体化されると、目的と行動は同時一体性をもつことになる。すなわち目的は、1つのルーチンな行動にまで具体化されることになる。

2 意思決定の環境

意思決定をめぐる環境は、無限に存在し、それはまたつねに変化している。これらの環境は、目的の見地から識別されるのでなければ無意味である。そこで環境は、目的からの識別によって次の2つの部分に分けられる。

(1) 目的の達成に関連のない、単なる背景にすぎない事実

(2) 明らかに目的の達成を援助し、あるいは妨げている事実

このような環境の識別が行われることによって、目的を達成するための代替的手段の選択である意思決定が行われる。たとえば、市場調査の結果、未開拓の潜在需要がかなりあるという事実が発見されたならば、売上高を拡大するという目的を達成するために、代替的手段の1つとして販売促進活動を行うという手段の選択が可能となる。

このように、環境や情況の識別によって、すでに意思決定の可能性が生ずる。その意思決定は、販売促進という新しい具体的な目的を自動的に生み出すことになる。そして、この新しい具体的な目的の見地から、さらに環境や情況の識別がより精緻な形で行われる。1つの

目的の達成は、継続的に行われる多数の意思決定を伴いながら、環境や情況の識別がより精緻に、より具体的に進められることによって具体化されていく。

同時に、環境を識別した結果、最初の目的が次の目的を生み出すことに失敗した場合には、目的を変更する意思決定が行われることがある。その場合には、最初の目的を破棄して新しい目的を設定し、それによって新しい目的の見地から新しく環境を識別していく過程が生ずる。たとえば市場調査の結果、製品の潜在需要が減少する傾向が発見されたとき、現有製品の販売を拡大する最初の目的を破棄して、新製品の開発という新しい目的を設定しなければならない。その新しい目的の見地から、新しく環境の識別を行うことになる。

このような過程を経て、目的と環境との間の距離を短縮し、両者を一体化していく。いい換えれば、目的に合致した新しい環境を創造していくところに意思決定の機能がある、ということができる。

第4節　意思決定のための前提

1　意思決定のための要素

バーナードによれば、組織的意思決定の原理として、次の2つの要素があるとしている。

(1)　理念的要素（moral element）

(2) 機会主義的要素（opportunistic element）

理念的要素とは、意思決定における組織の目的や手段に対する倫理的・道徳的な価値判断の要素である。すなわち、1つの目的や手段が好ましいとか、好ましくないとかいう倫理的価値判断を基礎とした指導理念である。ここにいう理念的要素は、サイモンによれば、意思決定に関する価値前提として取り上げられている。

機会主義的要素は、理念的要素とは異なり、意思決定における事実的・客観的な要素を指している。それは、ある目的と環境が与えられたときに、かならず生ずる意思決定の客観的な側面であり、本質的に分析の過程である。すなわち、環境の分析によって環境の識別を行い、より具体的な目的の設定が行われる。そして、そのより具体的な目的の見地から、環境のより詳細な分析が行われる。

2 価値前提と事実前提

サイモンによれば、意思決定のための前提を、①価値前提（value premises）と、②事実前提（factual premises）とに分けている。この2つの前提を区分することによって、1つには、管理的決定（administrative decisions）の合理性の意味を明確にし、2つには、政策問題（policy question）と管理問題（question of administration）とを区別することになる。

事実前提は、観察できる環境や、それが作用するあり方についての事実的判断に基づく前提である。それが真実であるかどうかは、経験的にあるいは科学的に検証することができる。意思決定には、つねにこのような事実的判断が含まれており、それは事実前提から導き出されるものである。

バーナードにおける機会主義の要素は、意思決定における事実的要素を意味している。そして意思決定の要素として、この機会主義の要素とともに理念的要素をあげている。サイモンの場合には、事実前提とともに価値前提をあげている。すなわち意思決定は、事実的内容をもつと同時に倫理的な内容をもっている。こうした意思決定の前提となる価値前提のなかで、もっとも重要なものは次のとおりである。

組織目的　組織目的は、すべての管理決定の前提となる価値前提である。もちろん組織目的の体系（目的—手段の体系）の決定には、価値的要素と事実的要素の両者が含まれているが、組織目的は、批判の余地のない「価値前提」として受け取られて、管理決定が行われる。

能率の基準　管理は、管理組織によって資源の能率的な活用をはかることであるから、すべての管理決定においては、能率の基準（criterion of efficiency）が「価値前提」となっている。しかし選択する手段が、他の代替的手段に比べて能率の基準に合致しているかどうかは、事実的判断の問題である。

公正の基準　組織が各人の行動を規律する場合、各人を公正に取り扱わなければならないという公正の基準（criterion of fairness）が、管理決定のための「価値前提」となる。公正の基準は倫理的な基準であるから、それが正しいかどうかは科学的に検証できない。

個人の価値基準　従業員などの構成員は、個人的な欲望や動機を満足させるという個人的な価値基準をもっている。こうした個人的価値（personal value）は、管理決定にとっては与件であり、その意味で管理決定のための「価値前提」となる。

次に、サイモンによれば、組織活動の範囲が拡大し用いられる技術が複雑になるにつれて、管理決定に必要な「事実前提」は広範な範囲にわたっている。その場合、「事実前提」のなかで、①各種の情況を処理することを可能にする熟練や知識と、②その基本的な熟練を応用するのに必要な情報とを区分しなければならない。前者の熟練と知識は、教育訓練によって開発されるのに対して、後者の情報は、組織構造（コミュニケーション・システム）をつうじて提供される。

3　政策問題と管理決定

サイモンによれば、意思決定の過程は、2つの主要部分に分けられる。第一は、中間目的のシステムの設定であり、各中間目的の総体的比重を評価する過程である。第二は、こうした目的の体系（価値の体系）の観点から、代替的行動手段を比較する問題である。前者は、「価値前提」と「事実前提」を含んでいる。後者は、主として「事実前提」の問題である。

中間目的から最終目的に近づくほど、事実的判断の比重が少なくなり、価値判断の比重が大きくなってくる。

サイモンは、「価値前提」と「事実前提」とを区分する立場から、株主総会や取締役会で取り扱われる政策問題と、経営執行者が取り扱う管理決定とを、次のように区分することを主張している。
(1) 意思決定における価値的要素と事実的要素とを区分し、価値判断の問題は民主的な機関に委ねることによって、民主的制度に対する価値判断の責任を強化できる。
(2) 「価値判断」の比重が比較的に大きい政策問題は取締役に割り当てて、事実的判断の比重が比較的に大きい管理決定の責任は管理組織に割り当てる。
(3) 取締役会も、ある程度、事実的判断を行うから、事実的情報や事実的判断に基づく助言の提供を受けることが必要である。
(4) 管理決定も、事実判断だけでなく多くの価値判断を伴うものであるから、管理者は価値の体系に対して敏感に反応しなければならない。
このようにサイモンは、「価値前提」と「事実前提」とを区分することを主張している。この区分によれば、価値判断の比重の高い政策問題の決定は、株主総会や取締役会に割り当てられ、事実前提の比重の高い管理決定の責任は、社長以下の経営管理組織に割り当てられる。この場合、価値判断の問題は科学的分析の対象とはならないが、事実的判断を主体とする管理問題は、科学的分析によって解決される。しかし、管理問題にも社会的責任という価値判断が伴う。

第5節　意思決定の前提問題

カーネマン（Daniel Kahneman）らの研究による行動経済学の発展は、ドラッカーらが指摘するリーダー、つまり経営者にとって意思決定は重要な仕事であると同時に、変化はコントロールできないが、変化の先に立つことは可能という変革の担い手像が提示されることになる。意思決定には大きなリスクを伴う。間違った決定をすれば、事業の暗礁どころか、自身のキャリアにとっても大きなダメージを与える。

こうした意思決定の前提問題では、不確実性が高いために、正しい情報が入手できなかった、他の選択肢がなかった、費用対効果の計算ができなかった等々で間違いを起こすと考えられてきた。しかし、間違いの起因は、そこではなく心の中に潜んでいるとしたらどうであろう。つまり、人間の頭の中に浮かんだ凡庸としたもの、頭脳がどう働くかによって間違いを起こすのである。人の精神状態や知らないうちに所定の思考回路に従っていることがある。いわゆるヒューリスティックスである。

たとえば、距離や物事の数の判断などで現れる。距離が短いと対象物の輪郭がはっきり見える。逆に離れると対象物の輪郭はぼやける、よって距離が遠いと判断する。この距離判断は正しいか。視力の低下や疲労、頭が働かない場合など、人は直感的に判断して日々を過ごしている。自転車に乗り運転するぐらいならまだ問題はない。しかし、飛行機のパイロットともなれば、少しのゆがみも大惨事となり許されない。だからパイロットは距離を客観的に測定する訓練を受けることになる。

人の思考回路はヒューリスティックスという落とし穴をもつことになる。日々の決済や承認に明け暮れる経営者にとってのヒューリスティックスは危険である。そうした人に潜む意思決定の前提問題について考察する。

1　現状維持バイアス

意思決定では現状維持傾向が強い。たとえば、馬車が自動車に変わった際に、馬車そっくりのクルマが登場した。電子新聞も同様で、ＩＴで初登場した時は紙媒体の新聞そのものの体裁をもっていた。

現状維持バイアスの原因は、我々の心の奥底にある。つまりは、近い将来起こるかもしれないダメージから自身を守ろうとする願望を意味する。現状に囚われないということは自身をリスクにさらす行為と受け止めていることにある。現状を打破する行為には責任が伴う。その行動の結果、批判にさらされ、ときには後悔することもある。

それゆえ我々は無意識のうちに、何もしなくてもよい理由を探している。現状維持は心理的に追い詰められることもないし、無難な策をとったことを意味する。それは多くの実験が物語っている。たとえば、同じ値段のマグカップとチョコを無作為に1つずつ手渡し、そのプレゼント交換を参加者に促す。すると、多くは交換を望まないという結果になる。それは何故か。数分間前の出来事ですら現状維持バイアスが働くことを意味する。人は選択肢が多くなればなるほど、現状維持に走りやすい、とくに仕事ともなれば、何もしないリスクと何かをして責任を取るリスクでは、何もしないほうが罰せられないからである。よって、現状維持バイアスにがんじがらめとなるのである。

2 サンクコスト

先入観について、もう1つ取り上げたい。それは過去に行った意思決定が今となっては何の意味もなく、しかし、それを何とか正当化しようとして、本来の選択肢を誤る場合である。たとえば、他の魅力的な投資案件よりも、株や投資信託を損をしてまで売ることを拒否するかもしれない。そのための労力を多く払ってきた。こうした過去の意思決定の結果生じるバイアスをサンクコストという。つまり、回収不可能な過去の投資（経費と時間）という意味である。

どうして人は過去の意思決定を捨てられないのであろうか。多くは間違いを認めたくないという心理が働くからである。間違いを認めるということは自尊心の問題である。仕事上のミスであれば、同僚や上司から非難を受けることになる。自分が雇った業績の悪い従業員を解雇でもしたら、それは自分の判断ミスを公に認めることになる。事態は悪化の一途なのに、その従業員を雇ったままにした方が気持ちの上では安心なのである。

サンクコストにこだわる傾向は銀行業務では慣習的に行われている。悲惨な事例としては借入している企業が暗礁に乗り上げた際、それを立て直すためにさらに資金を貸しあてることがある。それがうまくいって息を吹き返せばよいが、反対の場合には無駄な資金を使ったことになる。

3　確証バイアス

我々がどこで確証を得るかという問題だけでなく、受け取った確証を我々がどのように解釈するかにも影響を与えてしまう。そして裏付け情報ばかり偏重して、自分の見解と相いれない情報は軽んじるようになる。こうした現象を確証バイアスという。

たとえば、死刑に反対するグループと支持するグループの双方に、犯罪抑止策としての死刑の効果に関する2種類の調査結果を読んでもらうと、反論を裏付ける正確な情報が提供されていたにも拘らず、双方のグループはそれぞれの立場の正当性をさらに強く確信した。読んだ人たちはほぼ自動的に持論を裏付ける情報は受け入れ、そうでない情報は破棄したのであった。つまりは、2つの基本的な心理作用が働いたことになる。第1に、我々はどうしてそうしたいのか自分で理解する前に、何をしたいのか潜在意識下で決めてしまうという傾向があるということである。第2に、自分が嫌いなものよりも好きなもののほうに、より注意を払うという性向があり、赤ん坊でさえこの性向があるという証明がある。自然に、自分の潜在意識下での偏向に合った情報に引き寄せられるということがわかる。

4　フレーミング効果

意思決定の最初の問題はフレーミング（視点・枠組み）である。問題の理解の仕方によっては取るべき選択肢が大きく異なることがある。きわめてリスクが高い問題でもある。たとえば、カーネマンらの意思決定の研究では、保険の専門家に次のような質問をするところから始まる。

あなたが海上保険清算人で、アラスカ沖で昨日沈没した貨物船3艘の積み荷の損害を最小限にとどめたいとする。各貨物船にはそれぞれ20万ドルの積み荷があり、72時間以内に引き上げなければ損失となる。現地のサルベージ会社のオーナーがあなたに2つのオプションを提示する。双方ともかかる費用は同じである。

プランA　3艘の貨物船のうち1艘の積み荷、20万ドル相当を引き上げる

プランB　60万ドル相当の3艘すべてを引き上げる可能性が3分の1、しかし、まったく

引き上げられない可能性は3分の2

どちらのプランを選ぶか。

この調査では回答者の71%がリスクの少ないプランAを選ぶ。ところが、この調査で別のグループに、次のプランCとDのどちらを選ぶかを聞いている。

プランC　積み荷2艘分、40万ドル相当の損失という結果

プランD　3艘分の積み荷、60万ドル相当すべて失う可能性が3分の2、損失が出ない可能性が3分の1

この案については、回答者の80%がプランDを選んでいる。

このA〜Dの組み合わせは同一で、プランAがCと同様、プランBがDと同様である。異なるフレーミングを用いたに過ぎない。しかし、回答者には顕著な偏りが見て取れる。つまり、利益を生む（この場合は貨物船が引き上げられる）ことに関して問題を提示されると、リスクを避ける傾向があり、逆に、損失を避ける（貨物船を見捨てる）ことに関しての問題を提示されると、リスクを冒そうとする傾向にある。さらに、提示された問題をそのまま受け入れる傾向にもある。

そこで基準点を変えて考えてみると、まったく異なる回答を引き出すこともわかっている。たとえば、あなたが2、000ドルの当座預金をもっているとする。そこに次のような勧誘を受けたら、どうなるであろう。

あなたは3百ドルを失うか5百ドルを得るかの五分五分のチャンスにかけてみませんか。

あなたはこのチャンスをものにするか。この質問を次のように変えたらどうであろうか。

あなたは自分の預金2千ドルをそのままにしておきますか。それとも五分五分の確率で千7百ドルになるか、2千5百ドルになるチャンスにかけてみませんか。

この2つの質問内容は同じである。これに対する回答も本来ならば同じでなければならないはずだが、多くの人が最初の勧誘は拒否するが、次の勧誘には乗る。これは2つの質問で基準点が異なることが起因している。

最初の質問では、基準点がゼロで、単純に損益を強調したに過ぎない。2番目の質問は、基準点が2千ドルで、意思決定によっては本当に自分の経済状態が変わることを強調している。この結果、後者のほうが物事を軽量化することに成功したことになる。

5　アンカリング

中国の人口は14億人以上である。中国の人口はどれくらいだと思いますか。

最初の数値に引っ張られ、中国の人口を多くする傾向にあるといわれる。これがアンカリング（固定化）として知られる現象である。珍しいことではない。よく起こることである。

つまり、データなどの数値によって第一印象が決まり、当初の見積もりはデータのせいで次に続く判断が劣ってしまう。こうしたアンカーはさまざまな場面で登場する。同僚の何気ない一言であったり、朝刊に載ったどうってことのない統計数字だったりする。肌の色や言葉のアクセント、着ているもの趣味など普段見過ごしていることもある。

たとえば、マーケティングで手始めによく利用するのが、過去の販売実績である。過去の数字がアンカーとなり、予測では他の要素も参考にして調整を図る。ある程度の予測には有効ではあるが、過去の実績に比重が強すぎるため他の要素が無視される傾向にある。目まぐるしく変化する環境下では、過去のデータはかえってアンカーとなり、内容の乏しい予測しか立てられず、結果、間違った選択肢となることがある。

強烈な第一印象がアンカーとなり、思考回路に影響を及ぼすことがある。その性向を正当化するというバイアスに陥ることもある。サンクコストが積もり積もって、新たにより良い方向に向かうきっかけをつかめなくなってしまうこともある。心理的なバイアスが次々と現れ意思決定を困難にしているのである。その心理戦との戦いこそが意思決定の上では重要となる。そのための備えを事前に行うことが大切となる。

第8章

組織均衡の理論

組織均衡の理論（theory of organization equilibrium）は、またバーナード＝サイモン理論ともいわれるように、近代組織論に共通した1つの中核的な理論である。この組織均衡論においては、個人がどのような誘因によって組織に参加するか、組織への参加をつうじて個人が目的や動機を満足することができるか、が論じられている。また組織に参加する人々に、誘因と貢献のバランスによって満足を提供する能力をもたなければ、組織は存続できないことが明らかにされている。本章では、こうした組織の均衡問題について検討し、もって組織の存続と成長の理論を明らかにする。

第1節　組織の存続と成長

1　組織存続の理論

組織の均衡についてバーナードは「組織に適用される場合の能率（efficiency）の意味は、個人の活動を誘因するのに十分な程度に個人の動機を満足することによって、組織活動の均衡を維持することにある」と述べている。

すなわち、組織の目的の達成に寄与する個人の活動を「貢献」（contribution）という。これに対して、組織が各個人の動機を満足するために提供する効用を「誘因」（inducement）とよんでいる。誘因は、個人の動機や目標を満足させる経済的および非経済的な効用を意味する。

組織の各参加者に提供し配分する誘因は、個人の評価において各個人の貢献に等しいか、あるいは前者が後者よりも大であるときに、個人の動機や目標が組織への参加によって満足される。そして各参加者は、組織への参加を続けることによって組織は存続し成長することができる。したがって組織の均衡は、次の式で表すことができる。

貢献 ≦ 誘因 → 組織の存続と成長

すなわち、貢献と誘因との均衡が組織の均衡であり、組織の均衡が維持されることによって組織は存続し成長する。反対に、組織の均衡が達成されないときは、組織は衰微し死滅することになる。このようにバーナード＝サイモンにおいては、誘因と貢献の均衡理論は組織の存続と成長の理論である。

2　組織均衡の中心的命題

マーチ＝サイモンによれば、「組織均衡のバーナード＝サイモン理論は、本質的にはモチベーション（motivation）の理論である」と述べ、組織均衡の理論は各参加者が組織への参加を続けるかどうかの意思決定に関する理論であり、その本質はモチベーションであるとしている。

マーチ＝サイモンは、組織均衡の理論を構成する中心的命題として、次の５つをあげている。
(1) 組織は、組織への参加という多数の個人が相互関係にある社会的システムである。
(2) 各参加者個人またはグループは、組織に貢献する報酬として、組織から誘因を受け取る。
(3) 各参加者は、提供された誘因が要求される貢献に等しいか、またはそれより大であるときに、組織に対する参加を続ける。
(4) 各参加者のグループが供給する貢献は、組織が参加者に提供する誘因を生産する原資である。
(5) 原資である貢献の総額が、参加者の貢献を引き出すのに必要な程度に、誘因を十分に供給できるときに組織は存続する。
バーナード＝サイモンによれば、組織均衡の理論は組織存続の理論である。そこでは、個人と組織との関係や、組織と環境との関係や、さらに組織を形成し維持する役割をもつ経営者の職能との関係が明らかにされている。したがって、組織の存続の理論である組織均衡論を理解することによって、経営者の職能もよく理解されることになる。

3 組織均衡の二元的側面

組織の均衡が維持されるためには、各参加者の貢献を引き出すのに十分な誘因が、各参加者に対して配分されなければならない。ところが配分される誘因の原資は、各参加者の貢献がプールされた総合成果である。したがって、貢献のプールから各参加者に誘因の配分が行われ、それが継続的な貢献を引き出すのに十分であるときに、組織は存続し成長することになる。

このように組織の均衡の過程は、各参加者に誘因を配分する過程と、誘因の原資となる貢献を生産する過程とから成り立っている。そして組織の均衡は、組織的配分の過程と組織的生産の過程という2つの過程における経済性に依存すると考えられる。

バーナードによれば、組織は次の2つの過程からなるものとしている。

(1) 環境の変化に、全体として組織を継続的に適応させていく過程

(2) 満足を作り出し、これを構成員に配分する過程

環境の変化に適応していくことによって、効用を生産する過程での意思決定の基準は、組織の効率（effectiveness）の原理である。これに対して生産された効用を、各参加者に誘因として配分し組織の存続をはかっていく過程での意思決定の基準は、組織の能率（efficiency）の原理である。

すなわち、誘因と貢献のバランスを組織の効率としてみるときは、それは組織と環境との

均衡の原理であるのに対して、誘因と貢献のバランスを組織の能率としてみるとき、それは個人と組織との均衡の原理となる。この場合、組織と個人との均衡の関係を組織の対内的均衡として、また、組織と他の環境との均衡の関係を対外的均衡としてみることができる。

第2節　組織の対内的均衡

1　誘因の体系

組織が存続するためには、組織と個人との間に誘因と貢献のバランスが維持されることによって、個人の動機が満足されなければならない。もちろん組織に貢献を提供する個人には、経営者や従業員ばかりでなく消費者や出資者もふくまれる。ここにいう組織と個人との対内的均衡の理論は、組織に参加するすべての個人に適用されるものであって、経営者や従業員だけでなく消費者や株主に対しても適用される。

誘因と貢献のバランスをとることによって、個人から貢献を引き出そうとする組織の立場からは、積極的な誘因を増加するかあるいは負担を減少させるか、の方法をとることができる。たとえば、賃金の増加は前者の方法であり、労働時間の短縮は後者の方法である。

バーナードは、誘因（刺激）について、次の2つの側面を区別することを強調している。

①　誘因の客観的な側面 ― 刺激の方法

② 誘因の主観的な側面 ― 説得の方法

賃金や労働条件などは誘因の客観的な側面であるが、それは客観的な価値や大きさを指すものではない。誘因の価値は、動機水準や欲求水準に照らして、個人の立場から評価される主観的な効用である。したがって誘因効用の大きさは、一方では客観的な誘因の大きさと、他方ではそれを評価する個人の欲求水準に依存している。賃金や労働時間などは、それ自体は客観的な存在であり、客観的な価値を形成している。しかし誘因効用の大きさは、個人の欲求水準によってちがってくる。

バーナードによれば、客観的な誘因を効果的に提供する過程を「刺激の方法」(method of incentive) といい、個人の主観的態度すなわち欲求水準を変える方法を「説得の方法」(method of persuasion) という。

組織が提供する誘因は、①特定の個人に提供される特定的な誘因と、②各個人に共通に提供される一般的な誘因とに分けられる。

① 特定的誘因

物質的誘因　これは、雇用を受諾する誘因として、あるいは貢献に対する報酬として、個人に提供される貨幣や現物などの物的条件である。経営者や従業員に支払われる賃金・給料、賞与、福利施設などは、ここにいう物質的誘因である。

刺激賃金制度 (incentive wage system) は、従業員にとって物質的誘因を高めるための賃金制度である。テーラーの科学的管理法においては、賃金という物質的誘因は、従業員の努力を刺激する唯一の方法であるとされてきた。これに対してバーナードによれば、物質的誘因は、貨幣的報酬さえ、他の非物質的誘因に助けられなければ、それ自体は弱い誘因にしかならないとされている。

非物質的誘因　物質的誘因が低くとも、それが地位の満足を伴うものであるならば、誘因として作用する。すなわち経営組織では、昇進はその人の地位の上昇を伴うとともに、貨幣収入などの物質的誘因の増加を伴うから、経営者や従業員にとって強力な誘因となる。物質的誘因は、地位の向上に伴って発生する場合、効果的な誘因となる。

好ましい作業環境　清潔で近代的な作業環境や週休二日制は、従業員にとって1つの誘因となる。

理想の満足　これは、個人の理想を満足させる組織の能力であり、貢献を引き出す強力な誘因の1つである。創造性のある仕事や生きがいのある仕事をしたいという自己発現の要求は、理想の満足(ideal benefaction)の発展と考えられる。

②　一般的要因

集団の魅力　集団の魅力(associational attractiveness)とは、人間の社会的適合性(social compatibility)ともいわれる。人種、宗教などの違いだけでなく、社会的地位、教育水準や習慣の違いなどから、社会的適合性の欠如が生ずると組織の協働がうまくいかなくなる。

習慣的な作業条件や作業方法　習慣的となっている作業条件や作業方法と異なるものは、協働への誘因が低くなる。したがって、作業方法のひんぱんな変化は、従業員にとってマイナスの誘因となる。

拡大参加の機会　参加者にとって、事態の進行に参加している感情は重要な誘因となる。このように、全体としての協働の重要性から、個人の努力の重要性が意識されるような場合を、「拡大参加の機会」という。したがって経営組織が大規模であったり、社会的に重要性をもち、あるいは効率の高い組織である場合、拡大参加の感情をもつ機会はそれだけ大きく、それが大きな誘因を提供することになる。

この場合、組織の規模の大小よりも、規模が小さくとも組織の成長力が大きいほうが、より強い誘因として働く。また業界の技術革新の先端をいく経営組織は、社会的に有用な機能を果たしているために誘因が強い。このように経営の近代化が行われ、経営の効率が高いほど誘因は大きい。反対に、反社会的行為を行う企業や公害企業は、マイナスの誘因を与えることになる。

団結の状態　団結の状態（condition of communion）は、目に見えない微妙な誘因であるといわれる。それは、共通の目的を達成するために、相互に励まし合い援助しあう集団の人間関係を指している。団結の必要は、フォーマルな組織の効率的な運営に必要なインフォーマルな組織の基礎を形成している。

これまで述べてきたように、組織の均衡においては、誘因と貢献のバランスがとられなければならない。組織と個人との対内的均衡を達成するためには、組織に貢献することを刺激する誘因として賃金・給料などの物質的誘因のほかに、理想の満足などの個人的な非物質的誘因がある。さらに、集団の魅力、拡大参加の機会や団結の状態など、組織の状態それ自体のもつ一般的誘因がある。

2 説得の方法

組織は、各個人の協働への貢献を確保するために、必要なすべての種類の誘因はもちろん、継続して十分な誘因を提供することもできない。そこで組織の存続を維持するために、説得の方法によって各個人の動機水準を変えなければならない。

バーナードによれば、説得の方法として次の3つの方法をあげている。

強制的な方法　個人の欲求水準が高すぎて、協働的意思のない構成員を解雇することによって、他の構成員の欲求水準を変えることができる。それによって、貢献と誘因とのバランスをはかることができる。このような組織の強制的な手段として、解雇、降職、罰則などがある。しかし、優れた永続的な協働システムや複雑な協働システムは、強制の手段によってのみ維持できるものではない。

誘因の合理化　ある組織への参加、またはある職務の受容が、その人の利益になることを説得していくことが、1つの誘因の合理化の方法である。もう1つの方法は、組織全体の信条やシンボルによって、協働への参加の継続を説得する方法である。すなわち、企業の経営信条や社会的使命を強調することによって、従業員の協働への参加の継続を説得し、あるいは、製品が消費者に提供する満足を、広告宣伝や販売促進によって消費者を説得することである。

動機の注入　もっとも重要な説得の方法は、教育と広告宣伝による動機の注入(inculcation of motive)である。教育はおもに従業員に、広告宣伝はおもに消費者に向けられる。教育は、個人に新しい動機を注入したり既存の動機を変えたりして、誘因に対する反応を変えることによって、誘因の効力を高めることができる。企業内教育は、経営に対する関心を高め愛社心を培養する効果をもつ。動機を注入するインフォーマルな間接的な方法として、模範例、示唆や表彰などの方法も用いられる。

3　誘因の諸原理

誘因の原理として、次の4つの重要な原理がある。

可変的な組織の均衡水準　各個人の貢献から誘因の原資が生産されるが、それは貢献を引き出すのに十分でなければ組織は存続できない。しかし現実には、誘因の原資は環境の悪化、組織の内部効率の悪化などの原因で減少し、誘因として不十分になりがちである。この場合、誘因を主観的に評価する各個人の動機水準を、説得の方法で変えることによって、組織の均衡を維持することができる。

ここに、同じ業界において異なる賃金格差をもつ企業が併存している理由がある。また同じ企業において、危機に陥り誘因が不十分になった場合でも、説得の方法によって組織の均衡をはかり存続を維持し、業績の回復をはかることが行われる。

組織の自己拡大の法則　誘因と貢献の均衡は、経営組織において不安定な状態におかれている。誘因の原資の大きさは変化する環境によって影響を受ける。また各個人の動機水準も可変的であり、さらに刺激と説得の方法を併用して組織の存続をはかっていく必要がある。こうした組織均衡の不安定性から、すべての組織は自己拡大しようとする内的な性向をもつ。物質的誘因も、また昇進や団結の機会などの非物質的誘因も、すべての誘因の増大は組織の成長と拡大によってもたらされる。このように、組織の自己拡大の法則が組織に本来的に存在する。しかし反面では、組織の成長の行き過ぎは誘因の経済性の放漫化を生じ、組織の崩壊となる傾向がある。

差別的誘因の原則　各個人の貢献を引き出すために必要な誘因は本来、不十分であり、しかも組織均衡は本来、不安定である。したがって、誘因の配分の経済性を保つためには、差別的誘因（differential incentive）の原則の維持が必要になる。すなわち、貢献の価値と効率に差があるかぎり、貢献に比例した誘因の配分にも差別を生ずる。これが差別的誘因の原則であり、とくに環境が悪化するような場合には、誘因と貢献とのバランスを維持することが困難となり、組織は存続できなくなる。

昇進、地位、栄誉などの非物質的誘因の配分についても、貢献の価値に比例するという差別的誘因の原則がとられなければ、組織にとって価値ある有能な人材を組織に引きつけることができない。昇進の機会も、差別的誘因の原則がとられなければ、誘因の配分の経済性と組織の均衡を維持することはできない。

誘因における戦略的要因の原理　誘因の体系は、物質的誘因のほかに非物質的要因が含まれるだけでなく、説得の方法によって個人の動機水準を変えることも含まれている。したがって誘因の体系を合理的に計画することは、実際問題として複雑にして微妙な問題である。バーナードは、組織の存続の過程において戦略的要因を選び、これをコントロールすることによって誘因の体系は進化するという見解をとっている。

たとえば、環境が悪化したために誘因の原資が減少する場合、組織の存続という目的を達成するためには、説得の方法が戦略的要因となる。また、説得の方法によって欲求水準を変えるという目的のためには、好ましくない構成員を排除するという強制的な手段が戦略的要因となるかもしれない。

第3節　組織の対外的均衡

1　組織の効率と対外的均衡

組織の存続のための誘因と貢献とのバランスは、一方においては、組織と個人との対内的均衡であるとともに、他方においては、組織と環境との対外的均衡の側面をもっている。前者については組織の能率の概念が、後者については組織の効率の概念が用いられる。

組織の効率は、組織の目的を達成するための全体としての手段の適合性を意味する。したがって組織の効率は、組織の内部的効率や技術的効率に対して、全体的概念である。たとえば、コミュニケーション・システムが適切であるかどうかの問題、生産的システムの技術的効率の問題も含まれている。組織の効率は、これらの部分的な効率に依存する全体の効率概念である。同時に組織の効率は、本質的には組織と環境との対外的均衡に依存している。

組織は、すでに述べたように適応的システムである。すなわち、環境の変化に適応できなければ、組織の効率は低下し存続することさえ困難になる。組織の対外的均衡は、環境の変化に対する組織の適応によって維持される。こうした組織の対外的均衡は、次の2つからなる。

(1)　企業を構成する生産システムなどの他の下位システムと、組織との間の対外的均衡

(2)　企業を組織とみなすときは、企業の外部環境と企業との対外的均衡

すなわち、企業を構成する他の下位システムである生産システムは、組織に対して一次的な環境である。したがって組織と生産システムなどの適応関係が、第一次的に組織の対外的均衡となる。これに対して、企業を企業の外部環境に適応させる過程は、組織の対外的均衡の過程と考えられる。したがって企業の外部環境は、組織にとって二次的な環境となる。このように組織の対外的環境は、一時的環境に対する対外的均衡と、二次的環境に対する対外的均衡とからなる。

2　企業システムの経済構造

組織が、効用（価値）の創造、転形、交換という機能を果たすためには、他の下位システムに依存しなければならない。企業システムのなかで組織は中核の部分を構成しているが、それには物的システム、人的システムや交換システムなどが含まれている。

バーナードによれば、企業構造は、次の4つの経済システムから成り立っている。

物的経済（material economy）　生産システムに相当する。建物、設備、原材料、生産技術などの技術的・物的手段が、組織によって支配され組織化されて価値ある生産システムとなる。したがって生産システムは、組織によって割り当てられた効用の総額である。

社会的経済（social economy）　1つの組織が他の組織または他の個人と効用を交換する関係から成り立っている。社会的効用の大きさは、他の組織や個人の態度の変化により変化し、効用の交換の結果からも変化する。

個人的経済（individual economy）　組織に参加する個人の貢献と誘因を、個人の立場で評価するシステムである。個人経済も、その人たちの態度や動機水準の変化によって変化する。

組織経済（organization economy）　生産システム、交換システム、人的システムに対して、組織が割り当て評価した効用をプールしたものである。組織は、これらの下位システムを組織の目的のためにどのように利用できるかという観点から、生産システム、交換システムや人的システムの価値を評価する。

組織は、人的システムから必要な労働力を引き出し、生産システム（生産手段）を利用することによって生産物を生産する。そこでは、効用の創造と転形が行われる。そして交換システムをつうじて、生産物を貨幣と交換する。そこでは、効用の交換が行われる。そして獲得された貨幣の一部は、資本として生産システムや人的システムに再投下されるが、他の部分は、賃金、配当金、利子の形で、従業員、株主、銀行などに物的誘因として配分される。

3　余剰効用の創造

バーナードによれば、第一に、交換の過程で当事者の双方にとって利益となる交換をつうじて、組織は効用の創造を行うことができる。すなわち、双方に利益となる交換をつうじて、良好な従業員関係、消費者関係や銀行関係などの取引関係をつくることによって、余剰効用を創造することができる。

第二に、組織の内部的な創造的要因として、調整（co-ordination）の機能がある。部分を有機的に統合する調整の機能として、次の3つの機能に分けられる。

(1) 組織の内部の各要素（組織の目的、特殊化やコミュニケーションの各要素）を統合して、複雑な組織の全体に統合する調整の機能

(2) 企業システムの各部分である生産システム、人的システムや交換システムをつうじて、これらの各下位システムを有機的な全体に統合する調整の機能

(3) 外部環境の変化に適応して、各要因の間の戦略的要因を探求し意思決定を行うことによって、外部環境と組織との間の均衡を調整する機能

組織の調整機能は、一方において、組織の内部要素を調整する組織内部の調整機能を意味するとともに、他方において、外部環境の変化に適応して環境と組織との間に対外的均衡を保つ対外的調整の機能から成り立っている。これらの対内的・対外的調整機能をつうじて、効用が創造される。

第三に、組織は経済的効用とともに社会的効用を生み出す。昇進の機会、個人的な理想の満足、集団の魅力などは、組織が創造する社会的効用であり、その大部分は効用の余剰に属する。これらの社会的誘因が、各参加者に非物質的な社会的誘因として配分されることによって、誘因と貢献とのバランスが確保され協働的意思が高められることになる。

（注）組織均衡問題のモデル例

組織の参加者の満足水準を満たすために，参加者の貢献に合わせて要求される誘因が，どれほど必要であろうか。便宜上，次のように規定する。

参加者（M）は，m_1，m_2，m_3という貢献効用をもっているとする（効用の内容は省略する）。誘因（E）は，e_1，e_2，e_3，e_4という誘因効用をもっているとしよう。そして，Eの効用を知った後にMは，それに対応する効用を行うとする。EとMは，次の表８－１をみて行動が規定されるとしよう（ただし，α＝満足，β＝不満，γ＝中間）。

表８－１

	m_1	m_2	m_3
e_1	α	β	γ
e_2	β	α	γ
e_3	γ	α	β
e_4	β	γ	α

その行動（T）が，

$$T:\begin{Bmatrix} e_1, & e_2, & e_3, & e_4 \\ m_1, & m_2, & m_2, & m_3 \end{Bmatrix}$$

となるとき，ただそのときのみ参加者は満足水準を保持している。つまり，組織効率は良好であるといえる。

また，この誘因と貢献が逆転した場合はどうであろうか（もちろん，仮定も逆転する）。

つまり，

表8－2

	e_1	e_2	e_3	e_4
m_1	α	β	γ	α
m_2	β	α	α	γ
m_3	γ	γ	β	α

そこでもやはり，満足水準を満たし，次のような行動（T）が与えられたとしよう。

$$T:\left\{\begin{matrix} m_1, & m_2, & m_3 \\ e_1, & e_2, & e_4 \end{matrix}\right\}$$

このときも組織効率は良好である。しかし，組織側が与える誘因（それが何であっても）に対して参加者は服従しなければならないという構図，つまり独裁的な形態が伺える。同じ効用でも，明らかに環境が異なれば形態が二極分化することも考えられる。

それにしても参加者の満足水準は，決して客観的には定義できない（たとえば，参加者のなかには，どれだけ誘因を与えられても貢献しない個人もいるであろう）。もし，参加者がもっと別な他の満足水準をもっているならば，効用の多様性に合わせて別のもの（政策など）を見つけ出さなければならない。そこで，先の表と同じものに，結果として同じではないものを含めて表8－3として表現してみた。

表8－3

	e_1	e_2	e_3
m_1	η	α	ω
m_2	β	ρ	η
m_3	γ	μ	α
m_4	β	η	γ
m_5	α	θ	δ
m_6	μ	γ	β

いま，組織効率を高めるために，組織の望ましい状態（参加者が貢献するという状態，これを組織の生存可能（viable）な状態とよぶ）集合Ωは，α，β，γを含み，かつαはβよりも望ましく，βはγよりも望ましいとしよう，つまり，

$$(\alpha,\ \beta,\ \gamma \in \Omega \mid \alpha \succ \beta \succ \gamma)$$

そのとき，参加者の貢献の多様性（＝6）に対して，次の行動（T）をとるとしよう。

$$T:\begin{Bmatrix} m_1, & m_2, & m_3, & m_4, & m_5, & m_6 \\ e_2, & e_1, & e_3, & e_1, & e_1, & e_3 \end{Bmatrix}$$

その結果の全体の集合は，

$$\{\alpha,\ \beta,\ \alpha,\ \beta,\ \alpha,\ \beta\}$$

つまり，区別できる要素の数，すなわち多数性は2である。

表8－3で示されたマトリックス，つまり列ベクトルに繰り返し同じ要素を含まない場合には，その結果の集合の多様性は，

$$\text{貢献効用の多様性} \Big/ \text{誘因効用の多様性}$$

よりもより少なくなることは決してない。この場合には，6／3＝2よりもより少なくなることはない。

換言すれば，Eの多様性を縮少（参加者の満足水準の縮少）するためには，Mの多様度を増大（誘因の増大）させなければ，その結果の多様性は縮少しないことを意味する。このことから，「多様性のみが多様性を吸収する」という必要多様性の法則（The law of requisite variety）が成立する。この法則に基づいて組織は均衡する。

次に，この法則の存在証明を与えておこう。

一般に，次の表８－４によって，必要多様性の法則の存在を証明することができる。

表８－４

		R			
		r_1	r_2	$\cdots$	r_m
D	d_1	a_{11}	a_{12}	$\cdots$	a_{1m}
	d_2	a_{21}	a_{22}	$\cdots$	a_{2m}
	$\vdots$	$\vdots$	$\vdots$	$\cdots$	$\vdots$
	d_n	a_{n1}	a_{n2}	$\cdots$	a_{nm}

定理：$V(D)$をDの多様性とし，$V(R)$をRの多様性とし，いかなる列においても繰り返し同じ成分を含まないとしたら，以下の変換に対して，

$$T:\begin{Bmatrix} d_1, d_2, \cdots, d_n \\ r_{i1}, r_{i2}, \cdots, r_{i_n} \end{Bmatrix}, \ i=1, \cdots, m$$

結果の多様性H_T

(1) $H_T \geqq \dfrac{V(D)}{V(R)}$

が成立する。

証明：明らかに，列に列と同じものを加えてもH_Tは不変である。したがって，r_1，r_2，$\cdots$，r_mは，相異なり，$V(R)=m$と仮定してもさしつかえない。便宜上，以下の関数を定義しておく。

(2) $H^{(j)}T^{(j)}_{i_1 \cdots i_n}$を$V(R)=j$の結果の多様性とする。

(3) $T^{(j)}=\left\{T^{(j)}_{i_1,\cdots,i_n}:\begin{pmatrix}d_1, & \cdots, & d_n\\ r_{i1} & \cdots, & r_{i_n}\end{pmatrix}\mid i_1,\cdots,i_n\in\{1,2,\cdots,j\}\right\}$

ここで，$T^{(j)}_{i_1\cdots i_n}$ は，$i_k\in\{k=1,2,\cdots,j\}$ について，

$\begin{pmatrix}d_1, & \cdots, & d_n\\ r_{i1} & \cdots, & r_{i_n}\end{pmatrix}$ の変換を意味する。

(4) $T^{*(j)}=\left\{T^{(j)}_{i_1,\cdots,i_n}\mid 少なくとも1つの i_k=j\right\}$.

(5) $O^{(j)}$を結果全体の集合とする。

(2) 式～(5) 式から，以下のことを注意しておきたい。

$T^{(j-1)}\cap T^{*(j)}=\phi$，さらに，$T^{(j)}=T^{(j-1)}\cup T^{*(m)}$，したがって，仮定より，

(6) $H^{(j)}T^{(j)}=H^{(j)}T^{(j)}_{i_1\cdots i_n}=H^{(j-s)}T^{(j-s)}_{i_1\cdots i_n}\equiv H^{(j-s)}T^{(j-s)}$,

$V^{(j)}(D)=V^{(j-1)}(D)=n$,

$V^{(j)}(D)=V^{(j-1)}(R)+s.\ (m>j>s)$.

さらに，$T^{*(m)}$に属する変数のなかで，$\{r_{i1},\ \cdots,\ r_{i_n}\}$ は相異なるm個の列を含むとき，このなかにV_mの個数をs個 ($1\leqq s\leqq n-m+1$).

いま，この定理をkに関する帰納法で証明する ($m\geqq k\geqq 1$)。明らかに，$k=1$のときは，$H^{(1)}T^{(1)}=n$，$V^{(1)}(D)=n$，$V^{(1)}(R)=1$ である。

したがって (1) 式を満足する。

次に，$k-1$のときに，(1) 式が成り立つと仮定すると，

$$T^{(k-1)}_{i_1\cdots i_n}:\left\{\begin{pmatrix}d_1, & d_2, & \cdots, & d_n\\ r_{i1}, & r_{i2}, & \cdots, & r_{i_n}\end{pmatrix}\right\},$$

$$i_1,\cdots,i_n\in\{1,2\cdots,k-1\}.$$

なので，(6) 式より，

(7) $H^{(k-1)}T^{(k-1)} \equiv H^{(k-1)}T^{(k-1)}_{i_1 \cdots i_n} \geqq \dfrac{V^{(k-1)}(D)}{V^{(k-1)}(R)}$,

$$O^{(k)} = O^{(k-1)} \cup O^{(1)}.$$

が得られる。

さらに，$|O^{(1)}| \geqq 0$ であるから，

(8) $H^{(k)}T^{(k)} \equiv H^{(k)}T^{(k)}_{i_1 \cdots i_n} \geqq H^{(k-1)}T^{(k-1)} \equiv H^{(k-1)}T^{(k-1)}_{i_1 \cdots i_n}$,

$$V^{(k)}(D) = V^{(k-1)}(D) = n,$$

$$V^{(k)}(R) = V^{(k)}(R) + 1.$$

が成り立つ。

ゆえに，(7) 式と (8) 式より，

$$H^{(k)}T^{(k)}_{i_1 \cdots i_n} \geqq H^{(k-1)}T^{(k-1)}_{i_1 \cdots i_n} \geqq \frac{V^{(k-1)}(D)}{V^{(k-1)}(R)}.$$

すなわち，

$$H^{(k-1)}T^{(k)}_{i_1 \cdots i_n} \geqq \frac{V^{(k)}(D)}{V^{(k)}(R)}.$$

帰納法により，(1) 式が成立する。

第9章

ゴーイング・コンサーンとしての組織

バーナードの組織論と重要な関係をもっているコモンズ（J. R. Commons）のゴーイング・コンサーン（going concern）の概念は、継続的企業体を意味しており、それは、バーナードにおける協働システム（企業システム）の概念に相当する。企業がゴーイング・コンサーンであることは、それを構成する組織もまたゴーイング・コンサーンであるということになる。このように理解される企業は、永続する組織体としての企業、個人を超えて存続する組織としての企業を意味する。本章では、ゴーイング・コンサーンの概念によって表される多様性の広がりをもつ組織について検討する。

第1節　ゴーイング・コンサーンの概念

1　ゴーイング・コンサーンと取引の概念

組織の特性に関してコモンズは、企業概念をその市場価値に求めているが、それは企業とは収益を生み出す事業体であることを明示するためであり、こうした前提からゴーイング・コンサーンの概念に接近する。すなわち、その収益は将来において期待される収益であり、この将来の期待に照らして企業は、不断に前進（ゴーイング）する1個の活動体（コンサーン）として、自らを組織化するというのである。

コモンズにおいては、ゴーイング・コンサーンは制度と活動との複合体として理解され、それを「取引」として概念化する。すなわち、人と人との活動（アクション）を架橋し（トランス）取り結ぶ最小の経済単位として取引（transaction）を規定する。このように、取引自体がゴーイング・コンサーンとして概念化される。そして、こうした取引の束として、企業自体が1個のゴーイング・コンサーンとして概念化されることになる。

このように、企業は1個のゴーイング・コンサーンである。企業がゴーイング・コンサーンである以上、それを構成する組織もまたゴーイング・コンサーンである。このように理解される企業は、永続する組織体としての企業、個人を越えて存続する組織としての企業を意味する。いい換えれば、そこでは企業の組織としての限りない広がりをもつ時間的持続性が、ゴーイング・コンサーンという言葉によって表現されている。

2 組織の経済

ゴーイング・コンサーンとして表現される企業の永続性、それ自体として不断の活動を続ける企業という認識は、かつて企業を木にたとえたマーシャル（A. Marshall）においても大きな発見であった。すなわち当初は、木の成長と同様に企業も誕生し成長したのち、やがては死滅するものと考えられていた。そして企業を、誕生・成長・死滅という有機的なプロセスをたどるものとみることによって「組織の経済」を指摘している。

ところが、木々の成長にたとえられた企業の生物学的アナロジーは、株式会社の急速な台頭によって大きな修正を迫られる。すなわち、いまや巨大化した株式会社は、停滞することはあっても木のように容易には死滅しない。むしろ条件に恵まれれば、株式会社は永続的でかつ優れた地位を獲得できるものと考えられるに至った。

その条件として、マーシャルがとくに注目したのは「規模の経済」であり、それを産業全体の外部経済と区別して、個々の企業の内部経済として表現した。そして、それを機械の経済、技能の経済とよび、これに加えて「組織の経済」を提示する。ここに「組織の経済」とは、機械の経済と技能の経済を結合させる経営管理の効率をいい、「労働と資本の増大は、一般に改善された組織を生み出させるが、これはまた労働と資本の仕事の能率を向上させていく」というのである。

このように、マーシャルにおいては「組織」が、労働（技能）と資本（機械）に並ぶ企業の第三の生産要素として位置づけられている。

3　組織とグッドウィル

このように永続する組織体としての企業は、限りない多様性の広がりをもって発展していく組織である。こうした組織活動に関する意思決定にかかわる「経営管理の効率」、すなわちその「組織の経済」は、互いに信頼しあえる、しかも有能で経験をもった人間を選択できるかどうか、にかかっているということになる。この「信頼」の基礎となるのが、グッドウィル（goodwill）にほかならない。

コモンズによれば、「労働者の goodwill は、商業上の goodwill（暖簾）や信用上の goodwill と同じく貴重な資産である。労働者がより多くの自由、権力と知性を獲得し、その自由を主張するより多くの性向をもつのに比例して、ますます貴重な財産となってくる」と述べている。

すなわち、一方では産業が発達し就職の機会が増え、他方では労働組合の組織化が進むにつれて、労働者の選択的な自由意思の範囲が広がるとともに、1つの経営組織に対する労働者の協働的意思は、消費者や取引先の協働的意思とともに、貴重な財産となる。コモンズによれば、労働者の goodwill にしても、消費者の goodwill にしても、「それはゴーイング・コンサーンの生命であり、各部分を1つの生きた有機体に統合する統一性と集団人格の価値である」と述べている。

バーナードのいう「協働的意思」は、コモンズのいう goodwill（暖簾）の概念に相当する。すなわちコモンズによれば、労働者、消費者、株主、銀行などの goodwill は、経営組織に超過収益力をもたらす源泉であり、それ自体で無形資産の価値をもつものとして評価される。現に、暖簾の価値は1つの市場価値をもっている。労働者、消費者や株主の〝goodwill〟すなわち協働的意思が、ゴーイング・コンサーンすなわち経営組織の生命線であるとするところに、コモンズとバーナードの共通点がみられる。

コモンズによれば、goodwill は無形の資産であると同時に、もっとも壊れやすい資産であるとする。それは、goodwill は労働者や消費者の意思の自由に依存しているからである。労働者や消費者は選択の自由をもつ意思決定者であり、他の組織などに代替的な機会をみつけることができる。バーナードは、同じ基本的仮説から出発して、従業員や消費者の goodwill を確保し、組織の存続を維持する理論として、誘因と貢献のバランスの理論を発展させたとみることができよう。

第2節　ゴーイング・コンサーンの価値

1　生産体価値、暖簾価値、営業体価値

すでに述べたように、コモンズのゴーイング・コンサーンは継続的企業体の意味であり、それはバーナードにおける協働システム（企業システム）の概念に相当する。コモンズによれば、ゴーイング・コンサーンの価値は、生産体価値、暖簾価値、営業体価値の3つから構成されるものであるとしている。

生産体価値（going plant value）　生産体は、バーナードにおいては協働システムの一部を形成する生産システムであり、いわば生産組織体である。バーナードの「物的経済」は、この生産体の価値に相当する。

コモンズによれば、生産体は機械、設備などの個々の部分の単なる集合体ではない。それは、個々の部分が全体に調整され、生産物を実際に生産し、消費者に物理的に配給する1つの完全な運営機構である。すなわち生産体は、技術経済的な組織として使用価値を生産する。こうした生産体は、組織の活動によって支配され調整される。したがって生産体の価値は、その部分である機械や設備を個々に売却した場合の価値の総計以上の価値をもっている。生産体は、1つの全体として評価されるが、生産体の価値のなかには組織の価値が加えられている、と考えることができる。

暖簾価値（goodwill value）　暖簾価値は、バーナードのいう協働的意思に相当する。すなわち暖簾価値は、企業に参加する労働者、消費者や出資者の協働的意思から生ずる価値であって、物的価値ではない。他の競争企業に比べて、1つの企業が従業員、消費者、出資者や取引先に提供できる誘因が比較的大きい場合、これらの参加者の忠誠心、信頼や愛顧という形で、参加者の協働的意思を確保することができる。

競争企業の平均に比べて、1つの組織が参加者から比較的高い暖簾を獲得しているとき、それはその企業の超過収益力の源泉となる。したがって暖簾の価値は、企業の超過収益力を資本化した金額であり、無形資産として評価される。この場合の暖簾には、単に消費者の暖簾だけでなく、労働者や取引先の暖簾も含まれている。

参加者に提供する誘因は組織によって創造されるから、ここにいう暖簾価値は組織の経済価値を意味すると考えられる。

営業体価値（going business value）　ここにいう営業体は、バーナードの協働システムにおける「交換システム」に相当し、営業体価値はバーナードにおける「社会的経済」に相当する。コモンズによれば、生産体が公衆に財を提供する生産組織であるのに対して、営業体は公衆から価格を獲得する売買取引の組織である、としている。

組織が商品市場（消費者）、資本市場（株主、社債権者）や労働市場（労働者）に接近することによって、交換価値を獲得する過程が営業体の活動である。この活動をとおして、組織価値は市場経済の客観的評価を受けることになる。この営業体があげる総収益は、組織参加者の各種の貢献を利用し、生産システムを利用し、組織化した組織の総合的成果が市場評価を受けたものである。

2　組織価値の測定

組織の経済価値は、暖簾価値に表されているといえる。しかし生産体価値や営業体価値も、単に有形資産価値からなるものではない。それらの生産体や営業体は、組織によって管理されることによって価値をもっている。したがって、生産体価値や営業体価値のなかに組織価値が含まれている。

暖簾価値を評価するためには、次の計算方式が用いられる。

暖簾 ＝ 企業の収益価値 － 有形資産

暖簾は無形資産であり、それを直接に評価することはできない。まず企業の収益価値を評価し、それから有形資産の価値を差し引いた残りが暖簾となる。ところで企業の収益価値は、次の式で計算される。

企業の収益価値 ＝ 純利益 ÷ 資本還元率

すなわち、純利益を一定の資本還元率で資本還元することによって、企業の収益価値を求めることができる。たとえば、年間1千万円の純利益をあげる企業の資本還元率を10％とすれば、その企業の収益価値は1億円となる。企業の収益価値は、通常、株式市場で売買される株式の市価に反映される。

また、有形資産の取得原価は7千万円とすれば、その差額の3千万円は組織の経済価値となる。すでに述べたように、組織価値は、暖簾のほかに生産体価値や営業体価値のなかにも含まれている。ところが有形資産の取得原価は、外部の市場から機械や設備を購入した購入原価であり、それにはまだ組織価値が入り込んでいない。このため純利益を資本還元した金額と、この有形資産の取得原価との差額が、その企業の組織価値を表すと考えられる。

組織の経済価値は、市場経済の客観的な評価を受けて曖簾価値として成立する。組織価値の大きさは、その企業組織の超過収益力を表す尺度である。そして組織経済価値の大きさは、組織均衡の達成の度合いを示す尺度と考えられる。最大の成果は、最適の均衡によって達成されるからである。

第3節　内部組織と取引コスト

1　取引コストの問題

企業規模の拡大とともに、企業活動に関する高度な意思決定と、煩雑な日常業務の間における分業が不可欠となる。この意思決定の分業によって、日常業務の複雑な負担から解放されるとともに、日常業務は「信頼できる」人間に任せることになる。そうでないと、そこには「相互規制のやっかいな組織」が必要となる。すなわち、そこにはウイリアムソン（O. E. Williamson）のいう「機会主義」が発生し、それに対処する監視コストや情報コストが必要となるからである。

経営組織に関して、ウイリアムソンは、市場のなかからどのような理由で組織が生成するかという問題を、取引コストに基づく市場と組織との間の選択問題として定式化している。すなわち、市場と組織とは2つの代替的な取引様式であり、いずれの形態が選択されるかは、それぞれの取引コストの比較によるものであるとする。このような形での組織の生成論は、ミクロ経済学の選択理論であり、これを「内部組織の経済学」とよんでいる。

ところで取引コストは、具体的には5つの要因から決まるといわれる。このうち2つは、取引主体すなわち人間の要因に関するもので、「制限された合理性」と「機会主義」である。また2つは、取引環境の要因に関するもので、「環境の不確実性・複雑性」と「少数性」である。残りの1つは、取引に使われる資産の性質に関するもので、「取引資産の特殊性」といわれるものである。これらは、相互に関連しあいながら取引コストを決定している。

「制限された合理性」とは、人間には能力の限界があるから、取引環境は「不確実性・複雑性」をもつとされる。取引環境が不確実・複雑であると認識されるほど、取引は内部化すなわち組織化される。また、人間の「機会主義的行動」が、取引の「少数性」や「取引資産の特殊性」の程度と相まって、取引コストに影響を及ぼす。取引相手が機会主義的行動の可能性が大きかったり、取引資産が少数であったり特殊である場合には、取引は内部化すなわち組織化されることになる。

2　限定された合理性

ウイリアムソンによれば、個人の予見能力や情報処理能力には限界があるとして、サイモンの「限定された合理性」(bounded rationality)の概念を援用する。サイモン自身は、これを経済学でいう「最大化原理」に対して、経営学の「満足原理」を提唱している。

すなわち、あらゆる条件を考慮して人間の最大化行動が想定されるとしても、現実には人間がもつ認知能力や判断能力には限界があり、そのなかでのみ人間は行動する以外にない。人間は、この「限定された合理性」の範囲内で「合理的に」行動する。したがって人間は、ある妥当な水準の達成をもって「満足」するものであり、この意味で人間は合理的であるとした。

これに対してウイリアムソンは、人間が完全に合理的であるならば将来を予見でき、取引相手を認知してその行動を判断でき、さらには利得を計算することが可能となるはずである。ところが現実には、限定された合理性のゆえに、こうした意思決定には情報コスト、交渉コスト、監視コストなど数々のコストが必要となる。このようにウイリアムソンは、意思決定にはコストがかかるとし、「限定された合理性」を「コストの問題」として定式化させている。

3　機会主義

またウイリアムソンは、自己の利益につながれば、状況に応じてあらゆる手段を利用するという「機会主義」に基づく人間観を提唱している。こうした限定された合理性と機会主義という「人間」の要因は、さらに市場での環境要因と結びつくことによって、そこに取引コストを発生させる状況を作り出す。それが、限定された合理性に対する多様性の要因であり、機会主義に対する一様性の要因である。

このように、人間的要因と環境的要因によって、市場において「取引コスト」が発生する。たとえば、将来の出来事を事前に記述することは、限定された合理性のゆえに不可能である。また事後的においても、機会主義的な行動によって紛糾することがある。したがって、この場合の取引コストは多大なものとなるであろう。ウイリアムソンは、こうした取引を「条件付き請求権の契約」とよんでいる。

そこでは、将来の多様性や、機会主義のゆえに生じる行動上の多様性が問題となる。しかも限定された合理性のゆえに、取引に関与するあらゆる要因は、多様性を事前に処理することが不可能である。こうした取引を成立させようとするならば、取引当事者は、互いに相手の行動に対処するために、さらに多くの情報を収集し、交渉し、相互の監視を深め、契約の実行を確認しなければならない。

すなわち、このような意味で、市場取引には取引自体にコストが発生することになる。いい換えれば、多様性が存在する取引においてはコストが必要となり、そのコストのゆえに市場は非効率な取引システムとなる。

4　組織内取引

市場がこのようなものであるならば、その取引コストを節約または回避するためには、別の形態の取引が考案され選択されることになる。それが「組織内取引」とよばれるものである。

すなわち、市場取引それ自体を組織によって置き換えようとするものであって、取引にかかわるすべての要因を1個の組織に「内部化」することによって、市場取引は組織内取引に転化される。それが、たとえば「垂直的統合」というものであり、これによって市場取引は「内部組織化」される。ここには市場は存在せず、多様性が削減されると同時に、市場の取引コストが発生することもない。

このようにウイリアムソンにおいては、組織という概念は、2つの意味で用いられている。すなわち、一方では、不完全な市場取引を「補完」するものとしての組織であり、他方では、そのような市場取引に「代替」し、その取引を「内部化」する者としての組織である。そして、こうした組織は、市場取引の多様性の削減の要請から形成されるものである、ということができる。

第10章

組織とサイバネティクス

サイバネティクスは、ウィーナー（N. Wiener）によって創始されたもので、彼によればサイバネティクスは「動物および機械における制御とコミュニケーションの科学」であるとしている。すなわち、すべてのシステムには、制御過程を支配する一般的法則が存在することを明らかにし、その法則はきわめて複雑な、いわゆる有機的機能をもつシステム、たとえば企業、自動制御機構等、動物の集団、人間の神経系統、経済システムなどに適用されることを主張している。本章では、こうしたサイバネティクスと組織との関係について検討する。

第1節　サイバネティクス

1　サイバネティクスの視点

ビーアは、生存可能システム・モデルを展開するに際して、効果的組織の科学（sciences of effective organization）としてサイバネティクスを位置づけている。

ここで研究対象とされる複雑なシステムは、環境からの予知できない攪乱にたいして適応しながら発展し、生存を続けるシステムである。こうしたシステムを、一般に生存システム（viable system）という。こうしたシステムには、自己制御（self-control）、あるいは自己調整（self-regulation）の機構が要求される。

たとえば人間の体を考えると、心臓、肺、肝臓など多くの部分システムの調和のとれた総合的な活動によって生存が保たれているが、そうした活動が大脳からの直接的な指示によって達成されているのではなく、自律神経系統により相互に関連しあいながら、おのずから全体として調和のとれた活動をしている。これが、自己調整の例である。

さらにまた、こうした生存システムにとっては、自己組織（self-organization）の能力がなければならない。たとえば、脳における神経細胞間の連結関係が、ひとりでに人間にとって望ましい構造に組織化されていくのは、その例である。こうした制御の理論が、サイバネティクスである。

こうした有機的に作用するシステムである生存システムの特性は、次のように考えることができる。

(1) そのシステムの重要なアウトプットは、制御あるいは管理のもとにおかれていなければならない。それは、外界からの攪乱にもかかわらず、システムのアウトプットは望ましい範囲内に維持されるという意味である。しかも、それは自己制御の形で実現していくことを意味している。

(2) システムは、全体として安定していなければならない。不安定性は、組織の管理が有効に行われていないことの現れであり、そのままでは組織は崩壊するであろう。サイバネティクスは、システムの安定した行動過程をもたらすための機構であって、その理論を経営管理の実態のなかに体現しようとするものである。

2　フィードバック機構

サイバネティクスの立場から組織をみるとき、組織構造のなかでもっとも基本的な機構は、フィードバックという機構である。

システムが活動状態にあるとき、経営者は生み出されたアウトプットを評価し、それに対応してアウトプットの諸性質を支配しているシステムの諸要素に対して、あるシグナルを送り返す。もしそのアウトプットが望ましいものでないときは、そのシグナルはアウトプットを望ましいものに変えるように、インプットを調整する機能をもっている。これが、フィードバック機構である。

こうしたフィードバック機構が確立されるならば、管理者がシステムの行動を監視し、必要な指示を与えるという労力から解放されることになる。もっとも単純なフィードバックの形態は、現実のアウトプットを望ましいアウトプットと比較し、差異があればそれに対応してインプットを変更することによって、アウトプットを望ましいものに近づけようとするものである。

このように、フィードバック機構が設定されるならば、管理者はその問題から解放されることになる。しかし複雑な企業活動を、単一のフィードバック機構によって処理することはできない。企業をいくつかの部門に分割し、そのサブ・システムという複雑性の少ないシステムに対して適用し、さらにサブ・システム間の相互関係から生ずる全体システムの活動に適用していくことが可能である。

第2節　アシュビーの法則

1　アシュビーの法則

あるシステムにとって、ある時点で生じる可能性のある状態のすべての数を、システムの多様性（variety）という。

組織には、多くの「多様性」が存在する。内部組織の経済学においては、その環境的な側面を考慮して、既知で完全で確実な問題は存在しないこと、すなわち、不確実な要素を含むさまざまな多様性が存在することを明らかにしている。したがって経営組織で取り扱われる管理問題は多様性の管理である。

人間は、その生活の過程で相互に意思を交換し、情報（information）を伝送することにより社会関係を構成している。ここで情報とは、可能な将来の状態に関する集合全体の不確実性（uncertainty）を除去するものである。不確実性とは、可能性の集合全体の多様性である。人間は、その多様性を拘束する（constrain）ことにより、自己の要求水準（aspiration level）を満たし、生存（survival）を確保することが可能となる。人々が相互に他の行動を拘束して、自己の要求水準を満たし生存を確保しようとするとき、そこに組織が生まれ

ることになる。（注1）

ところで、組織における調整と制御の問題を含む多様性に関する基礎的な問題は、すべての可能な集合全体を観察・認識し、その集合全体の特性を追求することによって解明される。

一般に科学に対しては、部分ではなくすべての可能性（possibility）の集合にとって真実であるような法則を発見する努力が要求される。すなわち、科学の関心は集合の特性であって、部分の特性ではない。したがって科学とは、反復可能な（いい換えれば再現可能な）もののの追求であるといえよう。

たとえば、組織の構成員の平均年齢が35歳であるという場合、それは明らかに組織全体にとっては意味をもつが、構成員にとっては何の意味ももたないのが通例である。構成員にとっては、たまたま35歳であるか、そうでないかのいずれかであるにすぎない。平均年齢35歳は、明らかに組織全体の特性を表している。

したがって、多様性を表現する集合全体（組織）の特性は、もし集合の要素（従業員）に適用されるならば、真もしくは偽（あるいは無意味）のいずれの場合もありうることになる。

一般に生存システムの多様性は、きわめて大きいものである。また時間の経過とともに、たとえば新しい技術が導入されるとか、部分間の新しい関係が問題になるとかの理由によって、その多様性は時間とともに増殖していくのがふつうである。システムの複雑性も、この多様性の大きさとして反映される。

生存システムは、環境というシステムからの大きい多様性をもつ攪乱に対して、自己の状態を選好領域内に維持するように対処しなければならない。それが可能であるためには、生存システムにとって基本的に要求されることは、相手が産み出す多様性だけの多様性を自己が産み出さなければならない。この関係は、「多様性のみが多様性を吸収できる」という、アシュビーの法則（law of requisite variety）によって表現される。

この法則は、要求されるだけの多様性なしには、相手の多様性に対処できないということを意味する。したがって生存システムの状態を、選好領域内に維持することをシステムの制御といい、その制御のためにアシュビーの法則が基本的な重要性をもつことになる。大きい多様性をもつ環境からの刺激・攪乱に対処するためには、アシュビーの法則により生存システム自体が、それに対応するだけの多様性を生成しなければならない。

2　多様性の削減と増幅

生存システムは、たとえばロボットを考えれば直ちに理解できるように、きわめて複雑な構造をもつシステムでなければならない。他面、システムを制御することは、大きい多様性をもつシステムの状態を、望ましい状態という小さい多様性のものに変えることである。すなわち制御するためには、システムの大きな多様性を削減することが可能でなければならない。そこで、次の2つの方法が考えられる。

(a) システムの多様性を削減する方法として、たとえば交通事情についていえば、運転者が時速は80㎞以下という交通法規を守ることによって、運行システムの多様性が削減され安定した運行状況が実現される。また、ある社会システムにおいて、権力者が他の構成員の行動を支配・規制することによって、そのシステムの多様性を削減し専政者の望む状態にすることができる。この場合には、個人の自由が侵害されることになる。

また、システムが入ってくるインプットの多様性を制限することにより、システムがアシュビーの法則を満たすことができるように制御するという場合もある。たとえば保険会社が、加入を希望するすべての人の希望に沿う契約条項を認めるのでは、とうてい事務的に処理することが不可能である。そこで、いくつかのタイプの契約条項を設定し、その条項の下でのみ保険加入を受け入れることとし、それによって事務処理を可能にしている。

さらに、多様な商品を扱っている商店と顧客というシステムにおいて、商品が商店内にまったく自由に配置され、顧客が希望する商品を求めて来店する場合のシステムの状態は、多様性がきわめて大きくそこに生じる状態は混乱のみである。そこで、商品の種類別に売場を指定することにより、このシステムの多様性を削減して商店の運営を円滑にすることができる。

企業において部門別構成がとられる理由も、こうした観点から説明される。すなわち、それは企業システムにおける多様性を部門別に分割して、その部門で処理される多様性は、その部門がアシュビーの法則に沿って処理できるようにするための工夫である。

(b) もう1つの考え方は、制御システムの多様性を増幅することによって処理することである。たとえば、室温を一定に保つためのサーモスタットは、室温変化の原因を探求しそれぞれの原因に対応策を採ることによって、室温を一定にしているのではない。サーモスタットのフィードバック機構は、原因にかかわらず室温が望む値から乖離したという誤りの事実にのみ基づいて、室温を再び望む値に回復しているものである。

この場合、室温を乱す外界からの大きな多様性に対処するのではなく、サーモスタットは、フィードバックという制御システムのより小さい多様性で対処している。すなわちフィードバックにより、制御システムの小さい多様性で、外界からの攪乱というより大きい多様性を処理している。このことを、アシュビーの法則という観点からすれば、この制御システムは多様性を生成・増幅することにより目的を達成している、ということになる。多様性の増幅とは、こうした意味である。

複雑な生存システムを望ましい状態に維持していく、すなわち制御していくためには、上述した(a)、(b)の方法をうまく活用しなければならない。その意味で、マネジメントの問題は、本質的には多様性を処理する問題であるということができる。

第3節　ホメオスタシスの概念

1　ホメオスタシスの概念

生存システムに関する考察をつうじて生まれてきた重要な概念の1つに、ホメオスタシス(homeostasis：恒常性)とよばれるものがある。

これは、システムが重要な諸変量を、自律的に生理的限界内にとどめる可能性を意味する。その機構として、各部分システムが相互に拒否権(power of veto)をもつことによって全体としての均衡に到達する過程が、アシュビー(W. R. Ashby)によって解明されており、そうした能力をもつ物理的なモデルを制作し、これをホメオスタット(homeostat)とよんでいる。(注2)

ここにいう重要な諸変量とは、企業の場合には、利益、マーケット・シェア、資本構成、株価などを指しており、その望ましい範囲があらかじめ与えられているものではなく、いわば生理的に定まってくるものとしている。全システムは、多くの部分システムの相互関係から、その状態が規定されてくる。したがって、各部分システムにとって望ましいアウトプットが、全体システムとしても望ましいものであるという保証はまったく存在しない。

この場合、さらに超安定（ultrastability）という概念に到達する。それは、攪乱の原因に立ち入ることなしに、システムが対応して安定性を維持するという能力である。というのは、原因の探求には時間がかかり、その究明が終わらないうちにシステムが破滅するかもしれないし、また生ずる原因について直接的に対応することは、限られた管理能力のために不可能である場合が多いからである。非常に複雑なシステムにおいては、病的な兆候を自分自身の内部で発見し、それに対応してシステム自体が調整的行動をとらなければならない。変化の激しい環境におかれた生存システムは、こうした内発的コントロール（intrinsic control）が可能でなければならない。

2　自己組織能力

複雑なシステムが安定的であるためには、自己組織の能力をもたなければならない。ここで自己組織（self-organization）というとき、それをいろいろな形で特徴づけることができる。

(1)　システムの生存にとって、よりよく貢献する特性が強化され、貢献することの少ないあるいは危険な特性は衰退していく、という組織変化を自ら行うときに、これを自己組織化のプロセスという。

(2)　システムは、初めはその各部分が分離され、したがって各部分の行動が他の部分の行動とは独立に行われるという形で、すなわち非組織的状況から出発するとしても、各部分がある形での結合をするように、しかも生存に有効な結合が強化されていくように、変化していく。このように、非組織化の状態から組織化された状態への変化を、自己組織化という。

(3) 自己組織化のもう1つの意味は、悪い組織から良い組織への変化を意味する。

このようにシステムは、その生存・発展のために自己組織化が可能であるということは、極めて重要なことである。このことは、生物の進化の説明にとっても、重要な概念である。

3 メタ・システムの概念

いかなる形式言語(formal language)においても、その言語内では真偽を検証することのできないような命題、すなわち非決定的命題(undecidable proposition)が存在する。そしてその真偽を論ずることができるのは、その言語よりも論理的に上位にあるメタ言語(meta-language)においてである。なお、メタ言語を語るシステムをメタ・システム(meta-system)という。

たとえば、企業の資材部門が語る言語内では、在庫水準を決定する機構については論じることができるが、企業全体としての望ましい在庫水準については語ることができない。それがいえるのは、資材部門の語る言語よりも論理的に高位のメタ言語を語るメタ・システムである。

このように生存システムのどの水準においても、メタ言語を語るメタ・システムが存在していなければならない。その意味で、生存システムの組織構造は階層的でなければならない。

生存システムにおいては、その部分システムとしての1つの生存システムは、いくつもの生存システムをそのなかに含み、それと同時に自分自身もまた、ある1つの生存システム内にその部分システムとして含まれている。しかも、この階層構造におけるどの階層についても、それらに含まれている生存システム構造は互いに同型である。これを、組織の再帰理論（recursive system theorem）という。

このように生存システムにおいては、どのサブ・システムも論理的な高位のメタ・システムに包含され、そのメタ・システムがさらに高位のメタ・システムに含まれる。こうした連鎖は、論理的には無限に続かなければならないであろう。しかし、企業などの現実の生存システムにおいては、どこかで最終段階のシステムに到達し連鎖が断ち切られなければならない。

その最終段階のシステムは、より高位のメタ・システムに含まれているが、その内容に立ち入ることが不可能な状態にある。したがって、この高位のメタ・システムを1つのブラック・ボックスと解釈する。そして、最終段階に存在するであろう非決定的な命題は、このブラック・ボックスからのアウトプットに影響されながら決定されていくと考える。こうした関係を、ビーアは外部からの完結の法則（principle of external completion）とよんでいる。

要するに、どの水準におけるシステムについても、その語る言語は非決定的（undecidable）な命題を含み、メタ言語はそれを決定可能（decidable）なものにする能力をもっている。

（注１）多様度の数値例

多様度は，アシュビーによって，「可能な状態の数」として定義されている。それは可能性の集合を観察することで，集合の多様度の性質を測定することにある。

次の例は，２種類の商品の販売順序を追ったものである。

$$a\ b\ b\ b\ a\ a\ b\ a\ a\ b\ b\ a\ b\ b\ b\ a\ a$$

生起順序を無視して，２個の異なる要素 a，b を見いだせる。これを２種類の多様度をもつという。

さらに厳密にいえば，多様度は以下のいずれかの意味で用いられる。

① 区別される要素の数

② ２を底とする対数

一般に，対数表現の場合にはその単位をビットとよんでいる。上記の例では，２種類の多様度があるから，

$$\log_2 2 = 1 \text{（ビット）}$$

となる。また，１種類の多様度しかない場合には，０ビットとなる。つまり，多様度をもたない集合の多様度は０ビットである。

つぎに，組合せの集合が以下のような場合には，

$$\{(A_i,\ B_j) : i=1,2\ ;\ j=1,2,3,4\}$$

その集合の多様度は８（$\log_2 8 = 3$ ビット）である。

$(A_i,\ B_j)$ の集合の多様度は，A_i，$i=1,2$; $j=1,2,3,4$ それぞれの多様度の和に等しい。すなわち，

$$\log_2 8 = \log_2 2 + \log_2 4 = 3 \text{（ビット）}$$

である。このように，集合全体の多様度は，それぞれの集合の要素の多様度の和に等しいとき，それぞれの要素（成分）は独立であるという。

一般に，集合全体の多様度は，それぞれの要素（成分）の多様度の総和を超えることがない。

（注２）ホメオスタットのモデル

ホメオスタットは，本質的変数を維持するために，D（撹乱），R（調整），T（目標）を直接かつ間接的に定義し，修正することができる機構をもつシステムである。それは，次の定義からなるモデルとして示すことができる。

(1) d, $d \in D$； 可能な環境からの撹乱の集合。

(2) r, $r \in R$； それら撹乱に対する可能なシステムの対応。

(3) $m(d, r)$, $m \in M$, $D \times R \longrightarrow M$；ここに$M$は，可能な結果（outcome）の集合である。任意の結果$m(d, r)$は，撹乱dに対応rが対応したときの結果である。

(4) t, $t \in T$, $T \in M$；ここにTは，システムの目標集合のことである。そして，システムは結果がTにうまく維持されるように行動する（もちろんT以外では，システムの維持は不可能である）。

そこで，システムの行動とは，任意の撹乱に対して，任意の適切な対応をし，その結果$m(d, r)$が$m \in T$となることをいう（それが，はたして自律的か否かについてはここではとりあげない。しかしながら，ホメオスタットの機構にはフィードバックの原理があるから，何らかの意味で，それは自律的なシステムであるということができる）。

以上の定義から，ホメオスタット・モデル（以下では，これを基本組織単位 $H(D, R, T)$と呼ぶことにする）を整理し表現すると，次のようになる。

$$H(D, R, T) = \{D, R, T \mid (D, R) \in T, T \in M\} \tag{1}$$

たとえば，$H(D, R, T)$ は，$m(d, r)$, $(i, j=1,2,3)$ の行列として表10－1のように示すことができる（もちろん$T \in M$）。

表10－1

		R		
		r_1	r_2	r_3
D	d_1	a	b	d
	d_2	b	e	g
	d_3	c	f	a

$M=(a,b,c,d,e,f,g)$
$T=(a,e)$

この機構が組み込まれた組織を想定すると，基本組織単位$H(D, R, T)$ は，環境D全体に対して，明らかに次の条件を満たしている。

$$\forall d \in D, \exists r \in R : m(d,r) \in T \tag{2}$$

この条件は，行列のいかなる行も結果としての目標を含むことを意味する。それは，さらに次のように述べることができる。ここに集合$\overline{T}$を失敗の集合と定義するならば，

$$\overline{T}(D,R,T) = \{ d \in D \mid \forall r \in R : m(d,r) \notin T \} \tag{3}$$

そのとき，たんに失敗の集合は空（empty）であるという。すなわち，

$$\overline{T} = \phi \tag{4}$$

$\overline{T}$は，行列のいかなる行にも結果としての目標を含まないことを

意味するから，組織のパフォーマンスが不適切な下での環境コンティンジェンシーの集合に直面しているといえる。

このように，ホメオスタットは，組織をモデル化する際に有効である。なぜならば，対応rは，単に自動的なフィードバック機構による結果ではなく，意識的に人（たとえば，経営者など）によって採択されるからである。

第11章

生存可能システムとしての組織

企業組織についてビーア（S. Beer）によれば、それは平板で静的な実体ではなく、「動的で生存し続けるシステム」であるとしている。すなわち、企業の究極の目的を生存におき、生存可能な組織構造を、生存可能システムとして展開している。ビーアは、また生存可能システム・モデルを展開するに際して、効果的組織の科学（sciences of effective organization）としてサイバネティクスを位置づけている。本章では、こうした生存可能システムとしての組織に関する諸問題を取り扱う。

第1節　生存可能システム

1　生存可能の概念

「生存可能システム・モデル」（Viable System Model：以下、ＶＳＭと略記する）は、生存可能という価値をもつモデルであり、ビーアは生存可能を「1つの組織は、もしそれがある特殊な種類の環境のなかで、生存し続けることができるならば生存可能である」と定義している。ビーアによれば、生存可能性は、負債の支払能力、収益性などの経済的生存可能性がすべてではなく、それらは生存可能システムの1つの制約条件にすぎない。

すなわち生存可能性とは、財務的諸制約が満たされていると仮定して、組織が実際に存続できるかを問題とする。また、存続という目的はきわめて特殊な目的であり、それは自己のアイデンティティーを維持するという問題であるとする。ここで「生存」と「生存可能」とは、大きく異なっている。「生存」とは、やっと生存している状態も含まれ、「ある環境のなかで生存し続ける」という「生存可能」という概念とは大きく異なるものである。

2 再帰理論とサブシステム

ビーアのVSMを特徴づける1つの重要な法則は、再帰理論（Recursion Theorem）である。それは、「ある生存可能システムは他の生存可能システムに包摂され、自分自身も一般に複数の生存可能システムを包摂する」という命題を主張する。次に、システムの再帰性を説明するために、VSMの5つのサブシステム（詳しくは次節において説明する）について考察しなければならない。

システム1は、企業にとって最も重要な現業部門であり、生産企業の場合には製造部門、販売企業の場合には販売部門である。このように独立した現業（たとえば製造活動）とその管理単位をもち、特定の環境に対応している活動の組み合わせ（環境・現業・管理単位）をシステム1とよび、これが生存可能性についての基本単位となる。そして、システム2から5（全社管理機構）は、システム1（事業部）の補助・支持的システムである。

システム1から5を企業組織に適用すると、各事業部はシステム1であり、それを統括・調整する事業本部はシステム3に相当する。そしてシステム4は、外部および未来を司り、予測・計画を行う企画部・研究開発部が相当する。システム5は政策決定を行い、アイデンティティーを規定するトップ・マネジメントである。その他の代表的本社部門である財務・マーケティング・人事部なども、システム1に専門的助言などのサービスを提供するシステム3である。

ところでシステム2は、システム1が事業遂行の際に発生する問題点（これを「振動」という）を抑制するものである。たとえば、生産調整であり、人事上の気風や創業者の思想なども、これに相当する。このシステム2の概念は、営業の暴走を防ぐという意味で興味深いものがある。

3　システムの再帰性

ＶＳＭは、システム1から5のサブシステムをもち、この単位で1つの階層を形成する。これを、再帰レベルという。この再帰レベルを、たとえば生活事業グループ（再帰レベル1）とし、そのシステム1を電化製品事業部とする。

そして、このシステム1（電化製品事業部）が、また生存可能システムとなっている。すなわち、システム1から5をもっている。この電化製品事業部という再帰レベル（再帰レベル2）においても、同様に、たとえばテレビ部というシステム1をもっている。逆に、再帰レベルを上げるときも同様である。たとえば、全社レベル（再帰レベル0）においては、シ

図 11 ― 1　生存可能システム・モデル（S. Beer, 1985）

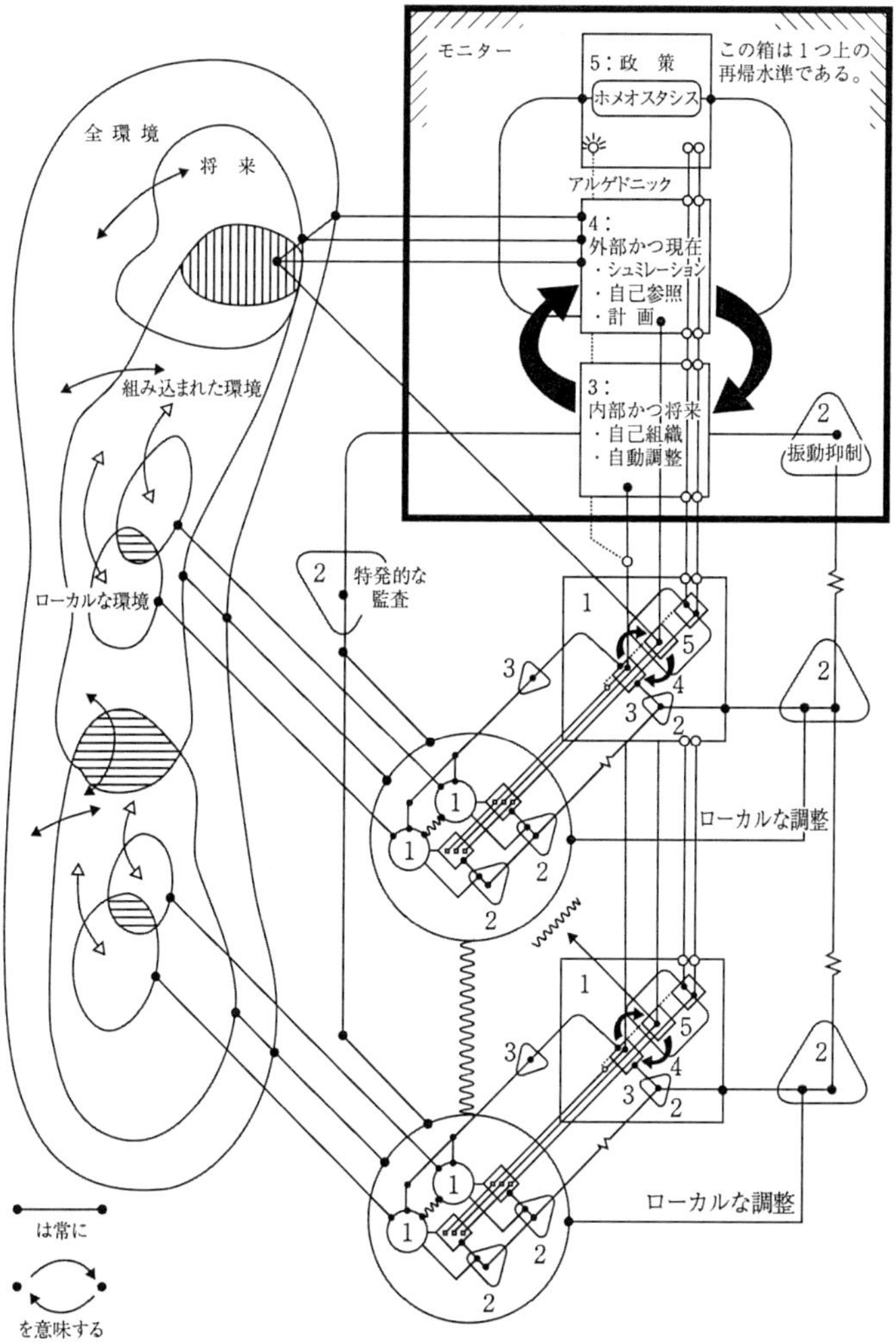

※生存可能システム・モデルの再帰の２つのレベルを例示したものである。

ステム1が生活事業グループという具合である。

このように、システムの再帰性とは、「再帰的な組織構造において、任意の生存可能システムは生存可能なシステムを含み、また生存可能なシステムのなかに含まれている」すなわち生存可能システムは、5つの部分システムから構成されており、システム1はそれ自身常に生存可能システムである。

VSMでは、まず問題のある再帰レベルを確定し、ここに焦点を当てる。そして、この決定された再帰レベルについて、「あるシステムが欠けている」とか、「効果的に機能していない」などの診断的分析が行われる。あとは必要に応じて、上下各再帰レベルについても同様な分析を行えばよい。複雑な企業組織になればなるほど、この方法論は有効となるであろう。

第2節　システム1の性格

1　システム1の3要素

VSMにおいては、任意の有機体あるいは組織には、5つの必要かつ十分に相互作用する部分システムが含まれている。そしてシステム1とシステム4とが、それぞれ固有の環境と相互に作用している。

システム1は、企業の根幹を形成し、企業自身を生み出す部門である。たとえば生産会社の事業部、販売会社の販売支店などが、これに相当する。5つのシステムのうち、特別の意味をもつものはシステム1である。それは、企業を生み出し、それ自身、生存可能システム（システム1から5をもつ）だからである。そして、システム2から5は、システム1の補助的・支持的システムである。

システム1を構成する3つの要素がある。それは、環境・現業・管理単位である。実際には、管理単位は現業のなかに埋め込まれており、また現業は環境のなかに埋め込まれている。そして、環境（石油販売会社を例にあげれば、販売代理店・最終顧客・許認可官庁など）のもつ多様性はもっとも大きく、現業（たとえば販売支店）、管理単位（たとえば支店長）と順次に小さくなっていく。

しかし、この3つの要素の多様性は、その増幅・削減をつうじて等しくなる傾向がある。たとえば製品の色について、現業では環境に市場調査を行い14色とする。しかし管理単位は、在庫の制約から10色しか提供できないという決定をしており、必要多様性をもっていない。すなわち、多様性の削減を行いすぎている。そこで、中間製品をもつ（製品ラインの分断）などによって、在庫を増やさずに既存の10色から14色に対応する施策が試みられる。これは多様性の増幅である。ここに、組織の第1原理が導出される。

図11－2　システム1・モデル（B. Clemson, 1984）

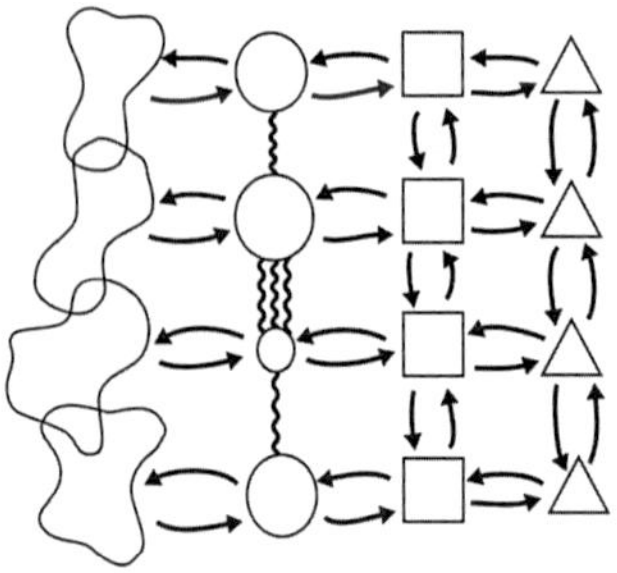

（ここに，　：環　　境
○　：操作要素（あるいは，自律的な実体）
□　：操作要素における経営単位
△　：経営単位によって保たれるモデル
〰　：フィルター　　　　　　　　　　のことである）

※システム1を例示したものである。これは組織現象を記述する4つの操作要素からなるシステムである。各矢印は，相互作用を意味する。

組織の第1原理　管理的、現業的および環境的な多様性は、制度的なシステム全体に拡散することによって、等しくなる傾向がある。すなわち人的およびコスト的に、最小限の損害しか与えないようにしたうえで、設計されるべきである。

このように経営管理上の戦略は、増幅装置と削減装置とに対するさまざまな調整物の混合物であり、経営管理の問題それ自体、多様性の膨大な増殖を調整する問題である。したがって、このことは生存可能システムが自己組織的であることを意味している。すなわち、システム1のなかで多様性を処理できることであり、これがシステム1の自律性である。

2 多様性の生成と保存

システム1の3要素間のチャネル容量

経営管理上の戦略が構築できたとしても、これが実行できるかどうかは別個の問題である。しかし、これは重要な問題であり、現業において多くの優れたプログラムを実行できない例は非常に多い。ここに、組織の第2原理が導出される。

組織の第2原理　経営管理単位、業務的単位および環境の間で情報を伝達するための4つのチャネルは、それぞれ一定の時間内に多様性の選択に関する一定の情報量を伝達するために、送り手の部分システムがその時間内に生み出す情報量よりも、より大きな容量をもたなければならない。

ここに、「多様性生成装置」が必要となる。これは、時間の制約内でチャネル容量を拡大するものである。たとえば1,000人の顧客に、来店後1日以内にダイレクト・メールを発信するのに、手書きでは間に合わない。データベースを完備したコンピュータ・システムが不可欠となる。よって必要多様性に必要なものは、多様性増幅装置、多様性削減装置、多様性生成装置の3つである。

多様性の保存　コミュニケーションの1つの重要な役割は、物事をあるがままに伝達することである。環境と現業、システム1の経営管理単位と上位経営管理単位、これらにはすべてチャネルの境界が横たわっている。当然、言語が異なる場合もある。ここに、組織の第3原理が必要となる。

組織の第3原理　ある与えられた多様性を識別する能力をもつチャネルによって伝達される情報が、1つの境界を横断するときはいつでも、それは変換を受ける。そして変換装置の多様性は、チャネルの多様性と少なくとも同等でなければならない。

動態的プロセス　システム1において、現業は環境に対応し、管理単位は現業を管理している。そこでは、膨大な多様性の削減・増幅が行われている。したがって生存可能モデルは、時間の観念をもつ動態的なプロセスである。ここから、組織の第4原理が導出される。

組織の第4原理　最初の3つの原理は、中断や遅滞を伴わずに、時間を通じて循環的に維持されなければならない。

第3節　システム2〜5の性格

1　システム2

システム2は、「振動」を抑制するものである。これには、目標達成のための過剰な押し込み販売、極端な場合には、個人および組織的法律違反に発展するかもしれない。そして、ほとんどの場合、各システム1間にコンフリクトを生み出す。この場合、一般的には中央からの命令では解決しない。ここに、適切な振動抑制装置の設計が必要となる。

システム２の典型的な例は、生産会社における生産管理である。生産管理がないと、各システム１（各工程をシステム１とする）は自己の最適化を主張して混乱を生じ、会社全体としてコスト高、納期遅れを発生させる。したがって生産管理は、システム１に脅威を与えることなく受け入れられており、その機能は、命令を与えるシステム３ではなく、振動抑制であることからシステム２とされる。

これ以外のシステム２の例としては、適切な業績評価、人事上の気風、さらには創業者の思想（これを逸脱すると、どんな良い業績でも社内では認められない）などがあげられる。

システム１の諸制約として、上位管理単位からの指令、資源獲得交渉、ほかのシステム１との関係、各システム１間の環境の共通部分、システム２（システム１間の振動抑制）の５

つがあるが、これらはそのまま上位の管理単位がシステム1の多様性を吸収する垂直的チャネルでもある。そして必要多様性の法則から、次の公理が導出される。

経営管理の第1公理　すべての業務的要素によって処理される水平的多様性の和は、全社的凝集性のための6つの垂直的要素上で処理される垂直的多様性の和に等しい。

2　システム3

システム3は、内部および現在を司り、システム1の調整を行っている。すなわち、自律的管理の最高の部位であり、さらに本社経営機構の最低の部位であり、その機能は内部環境の安定性を統率する。そして、システム1に対して全社的凝集性をもつような、そして最小の指令を行うところである。

また、システム3には2つの局面があり、1つは、中央指令軸上で指令を与え意思決定を行うものであり、もう1つは、システム2および3をつうじて多様性吸収能力を高めるものである。

システム3を構成するのは、支店を統括する支店統括部だけではない。システム1に専門的助言などのサービスを提供するものは、すべてシステム3に相当する。たとえば代表的なものは、財務部・人事部・情報システム部などである。

3　システム4

システム4は、外部および将来を司り、予測・計画・シュミレーションを行う。企業において代表的部門は、企画部・研究開発部・人材開発部である。

システム4もシステム1と同様に、環境と相互に作用する。システム4が接する環境は、各部分環境を含む環境全体と、未来環境である。そしてシステム1の環境の和は、システム4の環境（焦点を当てているシステムの環境全体）よりも小さい。

システム4は外部および将来を処理するが、もう1つの役割は、焦点を当てているシステムに自己認知を与えることである。それは、最終的に自己参照的な、システムを閉じる、システム5に対する操作的な基盤である。

つまりシステム4は、全体環境、将来環境と相互作用することにより、外部から自分を客観的にみることを可能にする。その結果、どうすべきか、どの事業に進むべきか、どの戦略をとるべきかを認識することができる。

システム4を担当する部署は企業内に散らばっており、これでは企業全体の将来像を認知するには非効率である。ビーアは、「戦略策定室」の設置を提案する。これは、継続的に活動する制御センターであり、上級管理者が一堂に会して会議が開催される。

システム３とシステム４においては、資金・時間・配慮・技能・注意・報酬などの投資が、適切にバランスが取られていなければならない。どちらに多く偏っても、成功はおぼつかない。これが、経営管理の第２公理である。

経営管理の第２公理　**第１公理から生ずるシステム３によって処理される多様性は、システム４によって処理される多様性に等しい。**

４　システム５

システム５は、全社管理機構であり、政策を策定しアイデンティティーを規定する。すなわち、事業が現在どのようなものであるかを認識することである。システム５の主要な機能は、「閉じている」という性質を与え、システム３と４を監視することである。「閉じている」という概念は、外部環境と接しないという意味ではなく、生存可能システムにおいて、その論理がそれ自身のうえで閉じているということである。すなわち、ＶＳＭにはシステム５までしかなく、それ以上のものは存在しない。システム５で、論理的に完結していなければならない。

このことは、各生存可能システムは、それぞれのアイデンティティーを維持し、明確な自己意識をもち、さらに自己修復の能力をもたなければならない、ということを意味する。ある再帰レベルでのアイデンティティーは、上位レベルのアイデンティティーの影響を受け、同時に下位レベルのそれに影響を及ぼしている。その結果、組織全体の凝集性が維持されている。

システム5には、大きな多様性吸収装置がある。それは、意思決定を行い、システム3に戦略を提示しているからである。これは、システム3の多様性を削減している。そして、この多様性吸収装置は、システム3と4が説明しない多様性をも吸収している。これが、経営管理の第3公理である。

経営管理の第3公理　システム5によって処理される多様性は、第2公理によって生み出される残余の多様性に等しい。

（注）ビーアのモデルの利用

ビーアは，神経組織と企業組織とを対比して，モデルを提示している。そのモデルは，次ページの**図11－3**および**図11－4**に示される。それは，組織の伝統的な見方（**図11－3**）と組織の実際の機能の仕方（**図11－4**）であり，後者のそれは相互に作用し合う要素の複雑な集合体である。それをビーアは多重決節（multinade）とよんでいる。便宜上，以下のように説明できる。

(1) MMは，M_1，M_2，M_3に状況を説明する。
(2) MMは，M_i $(i=1,2,3)$ から個別に意見を聞く。
(3) MMは，M_i の意見で共通する方針を採択する。
(4) M_i は部分 $(a, b, c \in M_i)$ にMMの方針を伝える。
(5) そのうえでM_i は，部分の意見を聞く。
(6) M_i は，部分に共通するものを採択する（この後に，自己決定を行う）。

の定義の下で，MMの当初の意思決定の正しさを100％，M_i のMMへの意思表明を90％，部下へのM_i への意見の信頼度（reliability）を80％とした際のMMの最終的な意思決定の正しさを計算する。

まず，M_i の各部下が同時に正しい意見をM_i に示す確率をS_i とすれば，

$$S_i = (0.8)^3$$

となり，M_i の意思決定の信頼度S_2は，

$$S_2 = (0.8^3) \times 0.9$$

それを受け入れるMMの情報の信頼度S_3は，

$$S_3 = S_2{}^3$$

図 11 − 3　企業組織（S. Beer, 1981）

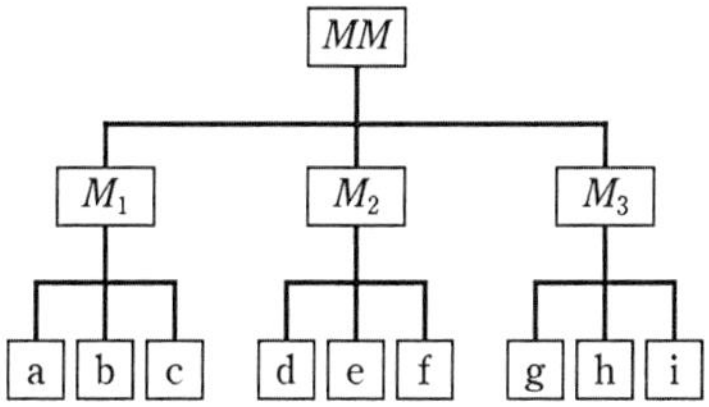

図 11 − 4　神経組織（S. Beer, 1981）

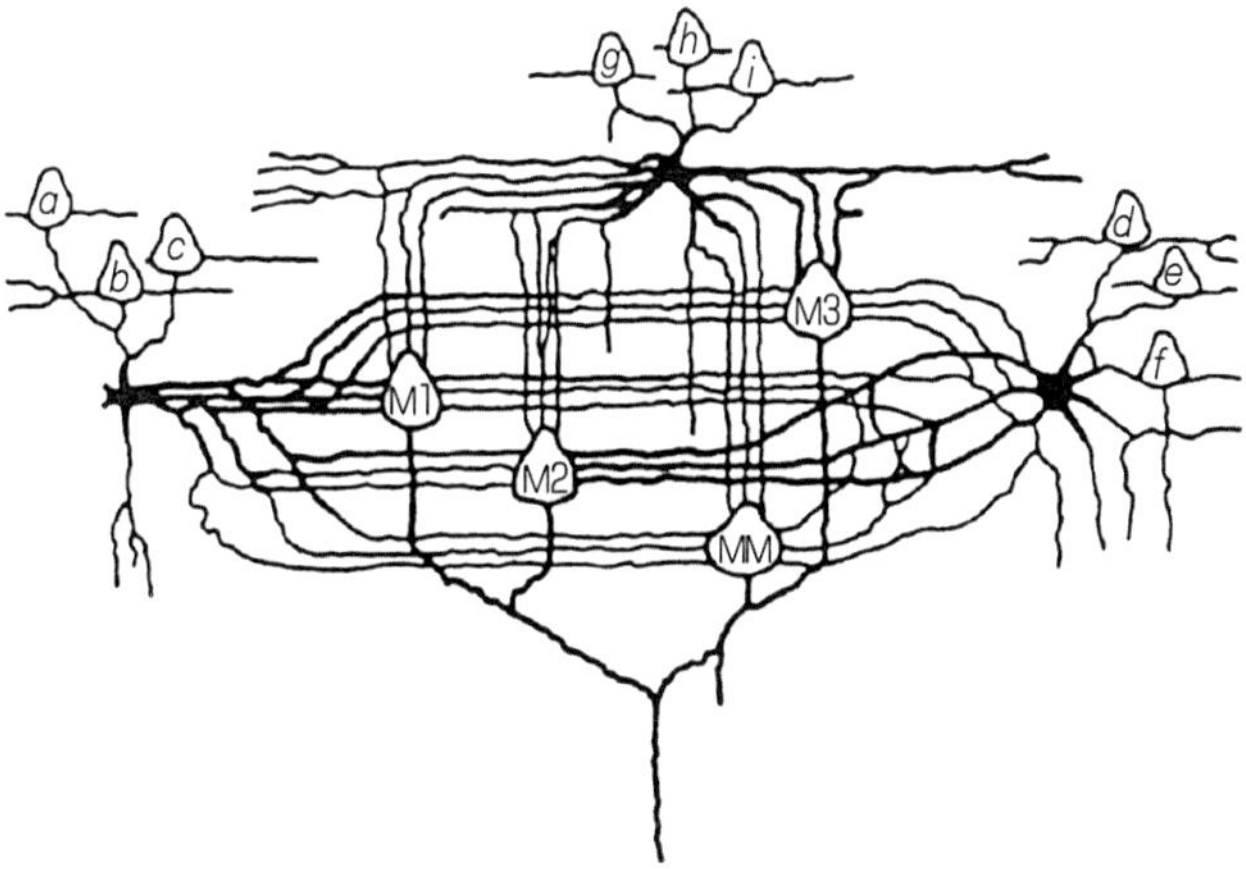

となる。ゆえに，*MM* の意思決定の正しさは，

$$S = S_3 \times 1.0 = 6.48$$

と求めることができる。

　これをモデル構築の 4 つの段階に従って概観すると，次のようになる。

A　神経システムは，企業の組織構造と類似していることに気づく。

B　**図11－3**と**図11－4**との間のアナロジーが明らかとなる。

C　2つの図（**図11－3**と**図11－4**）が同型であるかどうかを検討する（たとえば，システムのネットワーク系を考えてみる）。

D　先に示したモデルの（1）～（6）の定義および主観確率を用いて，操作可能なモデルを完成させる。

参考文献

◆第１章◆

F. W. Taylor, *The Principles of Scientific Management*, 1911.

H. Fayol, *Administration industrielle et généralle*, 1917.

G. E. Mayo, *The Human Problems of an Industrial Civilization*, 1933.（村本栄一訳『産業文明における人間問題』（新訳）1967）

C. I. Barnard, The Functions of the Executive, 1938.（山本安次郎・田杉競・飯野春樹訳『経営者の役割』1968）

F. J. Roethlisberger and W. J. Dickson with the assistance and collaboration of H. A. Wright, *Management and the Worker : an account of a research program conducted by the Western Electric Company, Hawthorne Works*, Chicago, 1939.

H. Koontz and C. O' Donnell, *Principles of Management*, 1955.

H. A. Simon, *Models of Man*, 1957.（宮沢光一監訳『人間行動のモデル』1970）

J. G. March and H. A. Simon, *Organizations*, 1958.（土屋守章訳『オーガニゼーションズ』1977）

H. A. Simon, *The Sciences of the Artificial*, 1969.（稲葉元吉・吉原英樹訳『新訳・システムの科学』1977）

高宮晋『経営組織論』1961.

占部都美「近代組織論」（古川・占部・阪柳『経営組織論』所収）1967.

占部都美『現代経営組織論』1971.

占部都美『近代組織論［Ｉ］バーナード＝サイモン』1974.

占部都美・坂下昭宣『近代組織論〔Ⅱ〕マーチ＝サイモン』1975.

鈴木喬『経営組織の研究』1992.

国島弘行・池田光則・高橋正泰ほか『経営学の組織論的研究』1992.

河野重榮編『マネジメント要論』1994.

◆第2章◆
C. I. Barnard, *The Functions of the Executive*, 1938.（山本安次郎・田杉競・飯野春樹訳『経営者の役割』1968）
H. A. Simon, *Administrative Behavior: A Study of Decision-Making Process in Administrative Organization*, 1945.（松田武彦・高柳暁・二村敏子訳『経営行動』1965）
N. Wiener, *Cybernetics*, 1948.
A. H. Maslow, *Motivation and Personality*, 1954.
K. E. Boulding, *The image, knowledge in Life and Society*, 1956.
S. Beer, *Cybernetics and Management*, 1957.
J. G. March and H. A. Simon, *Organizations*, 1958.（土屋守章訳『オーガニゼーションズ』1977）
D. McGregor, *The Human Side of Enterprise*, 1960.（高橋達男訳『企業の人間的側面』1966）
P. R. Lawrence and J. W. Lorsch, *Organization and Environment : Managing Differentiation and Integration*, 1967.（吉田博訳『組織の条件適応理論』1977）
H. A. Simon, *The Sciences of the Artificial*, 1969.（稲葉元吉・吉原英樹訳『新訳・システムの科学』1977）
J. Woodward（ed）, *Industrial Organization: Behavior and Control*, 1970.（都築栄・風間禎三郎・宮城浩祐共訳『技術と組織行動』1971）
S. Beer, *Designing Freedom*, 1974.
A. R. Negandhi, *Inter-organization Theory*, 1975.
J. Galbraith, *Organization Design*, 1977.
S. Beer, *The Heart of Enterprise*, 1979.
S. Beer, *Brain of the Firm*, 1981.
S. Beer, *Diagnosing of System for Organization*, 1985.
高宮晋『経営組織論』1961.
占部都美「近代的組織論」（古川・占部・阪柳『経営組織論』所収）1967.
吉原英樹『行動科学的意思決定論』1969.
権泰吉『経営組織の展開』1970.
占部都美『現代経営組織論』1971.
土屋守章・富永健一編『企業行動とコンフリクト』1972.

占部都美『近代組織論［Ｉ］バーナード＝サイモン』1974.
北野利信訳『組織とは何か』1974.
占部都美・坂下昭宣『近代組織論［Ⅱ］マーチ＝サイモン』1975.
進藤勝美『ホーソン・リサーチと人間関係論』1978.
野中郁次郎・加護之忠男・小松陽一・奥村昭博・坂下昭宣『組織現象の理論と測定』1978.
岸田民樹「コンティンジェンシー・セオリーの展開」（降旗武彦・赤岡功編『組織と環境適合』）1978.
占部都美編著『組織のコンティンジェンシー理論』1979.
赤岡功「コンティンジェンシー理論に対する批判の検討」（占部都美編『組織のコンティンジェンシー理論』）1979.
岸田民樹『経営組織と環境適応』1985.
野中郁次郎『知識創造の経営』1990.
高橋伸夫『ぬるま湯的経営の研究』1993.
高柳暁・高橋伸夫編『変化の経営学』1994.
鈴木幸毅『現代組織理論』第２版，1994.
川端久夫編『組織論の現代的主張』1996.
加藤勝康『バーナードとヘンダーソン』1996.
桑田耕太郎・田尾雅夫『組織論』1998.
高松和幸「経営組織における自律性の概念」獨協経済 No.69，1998.

◆第３章◆

L. Wu, B. N. Waber, S. Aral, E. Brynjolfsson, and A. Pentland, “Mining Face-to-Face Interaction Networks using Sociometric Badges: Predicting Productivity in an IT Configuration Task,” Proceedings of the International Conference on Information Systems, Paris, France, December 14-17, 2008.
A.-L. Barabási, *Network Science*, 2016.（池田裕一他監訳，京都大学ネットワーク社会研究会訳『ネットワーク科学』2019）
A.-L. Barabási and R. Albert, “Emergence of scaling in random networks,” *Science*, 286: 509-512, 1999.
J. Travers and S. Milgram, “An Experimental Study of the Small World Problem,” *Sociometry*, 32: 425-443, 1969. 89.

L. Backstrom, P. Boldi, M. Rosa, J. Ugander, and S. Vigna, "Four degrees of separation," In ACM Web Science 2012: Conference Proceedings, 45-54. ACM Press, 2012.

◆第4章◆

F. W. Taylor, *The Principles of Scientific Management*, 1911.

H. Fayol, *Administration industrielle et généralle*, 1917.

M. Weber, *The Theory of Social and Economic Organization*, translated by A. M. Henderson and T. Parsons, 1947.

P. F. Drucker, *The Practice of Management*, 1954.

D. M. McGregor, "The Human Side of Enterprise", *Management Review*, 46-11, 22-28, 1957.（高橋達男訳『企業の人間的側面』1966）

A. Rapoport, *Fights, Games and Debates*, 1960.

T. Burns and G. M. Stalker, *The Management of Innovation*, 1961.

H. A. Simon, "The Architecture of Complexity", *Proceedings of the American Philosophical Society*, 106, December 1962.（reprinted in H. A. Simon, *The Sciences of the Artificial, 2nd edition, 192-229, 1981.*）

P. R. Lawrence and J. W. Lorsch, *Organization and Environment: Managing Differentiation and Integration*, 1967.（吉田博訳『組織の条件適応理論』1977）

R. Likert, *The Human Organization : Its Management and Value*, 1967.（三隅二不二訳『組織の行動科学―ヒューマン・オーガニゼーションの管理と価値』1968）

A. D. Chandler, *The Visible Hand*, 1977.

S. M. Davis and P. R. Lawrence, *Matrix, Reading, Mass. etc.*, 1977.

K. Knight, *Matrix Management : A Cross-functional Approach to Organization*, 1977.

R. E. Miles and C. C. Snow, *Organizational Strategy, Structure, and Process*, 1978.

J. G. Miller, *Living Systems*, 1978.

S. Beer, *The Heart of Enterprise*, 1979.

S. Beer, *Brain of the Firm*, 2nd ed., 1981.

S. Beer, *Diagnosing the System for Organizations*, 1985.

A. Rapoport, *General System Theory, Essential Concepts and Applications*, 1986.
H. Mintzburg, *Mintzburg on Management : Inside of Our Strange World of Organization*, 1989.
M. van Alstyne, "The State of Network Organization : A Survey in Three Frameworks," *Journal of Organizational Computing and Electronic Commerce*, 7-2&3, 83-151, 1997.
M. Sernetz, "Die fraktale Geometrie des Labendigen", *Spektrum der Wissenschaft*, 72-79, July 2000.
高宮晋『経営組織論』1961.
森本三男「管理組織の形態」(藻利重隆編『経営学辞典』) 1967.
猪狩知之進『経営組織論』1971.
森本三男『経営組織論』1975.
占部都美『経営学原理』1981.
一寸木俊昭編『現代の経営組織―その構造とダイナミズム』1983.
岸田民樹『経営組織と環境適応』1985.
寺本義也『ネットワーク・パワー』1990.
飯尾要『情報・システム論入門』1998.
佐藤耕紀「組織類型論の統合に向けて：ヒエラルキー型組織とネットワーク型組織の組織デザイン特性」防衛大学校紀要（社会科学編），第 87 輯，1-28，2003.
増田直紀・今野紀雄『「複雑ネットワーク」とは何か』2006.
高松和幸「組織における最適構造の構築とその課題―Schwaninger の『最適組織の理論』を中心として―」獨協経済 No.83，2007.

◆第5章◆

A. H. Maslow, *Motivation and Personality*, 1954.
Rovert W. White, "Motivation reconsidered: The concept of competence," *Psychological Review*, 66, 297-333, 1959.
D. McGregor, *The Human Side of Enterprise*, 1960.（高橋達男訳『企業の人間的側面』1966）
R. Likert, *New Patterns of Management*, 1961.（三隅二不二訳『経営の行動科

学―新しいマネジメントの探求』1964)
Vroom, Victor H., *Work and Motivation*, John Wiley & Sons, New York, Reissued 1995 by Jossey-Bass, San Francisco. 1964.（坂下昭宣・榊原清則・小松陽一・城戸康彰訳『仕事とモティベーション』1982)
F. Herzberg, *Work and the Nature of Men*, 1966.（北野利信訳『仕事と人間性―動機づけ－衛生理論の新展開』1968)
R. Likert, *The Human Organization : Its Management and Value*, 1967.（三隅二不二訳『組織の行動科学―ヒューマン・オーガニゼーションの管理と価値』1968)
E. E. Lawler III, *Pay and Organizational Effectivness: A Psycological View*, 1971.（安藤瑞夫訳『給与と組織効率』1972)
Deci, Edward L., *Intrinsic Motivation*, Plenum Press, New York. 1975.（安藤延男・石田梅男訳『内発的動機づけ』1980)
吉原英樹『行動科学的意思決定論』1969.
吉原英樹「モーティベーションの行動科学と新しい管理システム」(今井賢一・岡本康雄・宮川公男編『企業行動と経営組織』) 1971.
岡本康雄「企業行動と組織分析―展望」(今井賢一・岡本康雄・宮川公男編『企業行動と 経営組織』) 1971.
能見義博・岡本栄一訳『行動の原理』1975.
川村浩『大脳半球の働きについて〈上・下〉―条件反射学』1975.
進藤勝美『ホーソン・リサーチと人間関係論』1978.
稲葉元吉・大森賢二『現代の経営組織』1983.
重野純『キーワードコレクション 心理学』1994.
梅本尭夫・大山正『心理学史への招待 - 現代心理学の背景』1994.
工藤達男・坪井順一・岡村哲史『現代の経営組織論』1994.
橋田浩一他『認知科学の基礎』1995.
高橋伸夫『日本企業の意思決定原理』1997.
高橋伸夫『虚妄の成果主義』2004.

◆第6章◆

C. I. Barnard, *The Functions of the Executive*, 1938.（山本安次郎・田杉競・飯野春樹訳『経営者の役割』1968)

占部都美『現代経営組織論』1971.
今井賢一・岡本康雄・宮川公男編『企業行動と経営組織』1971.
猪狩知之進『経営組織論』1971.
北野利信訳『組織とは何か』1974.
占部都美『近代組織論［Ⅰ］バーナード＝サイモン』1974.
森本三男『経営組織論』1975.
占部都美・坂下昭宣『近代組織論〔Ⅱ〕マーチ＝サイモン』1975.
占部都美『経営学原理』1981.
高松和幸「計量組織論の構想」経営行動，Vol.6，No.2，1991.
鈴木喬『経営組織の研究』1992.
河野重榮編『マネジメント要論』1994.
鈴木幸毅『現代組織理論』第２版，1994.
川端久夫編『組織論の現代的主張』1996.
桑田耕太郎・田尾雅夫『組織論』1998.
高松和幸「経営組織の特性と多様性の概念」獨協経済 No.67，1998.

◆第７章◆

J. R. Commons, *Institutional Economics*, 1934.
C. I. Barnard, *The Functions of the Executive*, 1938.（山本安次郎・田杉競・飯野春樹訳『経営者の役割』1968）
H. A. Simon, *Administrative Behavior : A Study of Decision-Making Process in Administrative Organization*, 1945.（松田武彦・高柳暁・二村敏子訳『経営行動』1965）
J. R. Commons, *The Economics of Collective Action*, 1950.
H. A. Simon, *Models of Man*, 1957.（宮沢光一監訳『人間行動のモデル』1970）
J. G. March and H. A. Simon, *Organizations*, 1958.（土屋守章訳『オーガニゼーションズ』1977）
H. A. Simon, *The Sciences of the Artificial*, 1969.（稲葉元吉・吉原英樹訳『新訳・システムの科学』1977）
占部都美「組織均衡論」（古川・占部・阪柳編『経営組織論』所収）1967.
宮沢光一『情報・決定理論序説』1971.
占部都美『現代経営組織論』1971.

占部都美『近代組織論［Ｉ］バーナード＝サイモン』1974.
占部都美・坂下昭宣『近代組織論〔Ⅱ〕マーチ＝サイモン』1975.
市橋英世『組織サイバネティクス研究』1978.
岸田民樹『経営組織と環境適応』1985.
高松和幸「計量組織論の構想」経営行動，Vol.6，No.2，1991.
鈴木喬『経営組織の研究』1992.
高松和幸「組織の決定機構」日本経営システム学会　Vol.10. No.1，1994.
高松和幸「決定理論の基本問題」日本経営システム学会　Vol.11. No.1，1995.
川端久夫編『組織論の現代的主張』1996.
桑田耕太郎・田尾雅夫『組織論』1998.

◆第8章◆

J. R. Commons, *Industrial Goodwill*, 1919.
J. R. Commons, *The Economics of Collective Action*, 1934.
C. I. Barnard, *The Functions of the Executive*, 1938.（山本安次郎・田杉競・飯野春樹訳『経営者の役割』1968）
H. A. Simon, *Administrative Behavior : A Study of Decision-Making Process in Administrative Organization*, 1945.（松田武彦・高柳暁・二村敏子訳『経営行動』1965）
W. R. Ashby, *Design for a Brain*, 1954.
W. R. Ashby, *An Introduction to Cybernetics*, 1956.
H. A. Simon, *Models of Man*, 1957.（宮沢光一監訳『人間行動のモデル』1970）
J. G. March and H. A. Simon, *Organizations*, 1958.（土屋守章訳『オーガニゼーションズ』1977）
S. Beer, *Cybernetics and Management*, 1969.
S. Beer, *Designing Freedom*, 1974.
S. Beer, *The Heart of Enterprise*, 1979.
S. Beer, *Brain of the Firm*, 1981.
S. Beer, *Diagnosing of System for Organization*, 1985.
占部都美「組織均衡論」（古川・占部・阪柳編『経営組織論』所収）1967.
占部都美『現代経営組織論』1971.
占部都美『近代組織論［Ｉ］バーナード＝サイモン』1974.

占部都美・坂下昭宣『近代組織論〔Ⅱ〕マーチ＝サイモン』1975.
市橋英世『組織サイバネティクス研究』1978.
高松和幸「計量組織論の構想」経営行動，Vol.6，No.2，1991.
高松和幸「組織の決定機構」日本経営システム学会　Vol.10．No.1，1994.
高松和幸「決定理論の基本問題」日本経営システム学会　Vol.11．No.1，1995.
桑田耕太郎・田尾雅夫『組織論』1998.

◆第9章◆

J. R. Commons, *Industrial Goodwill*, 1921.
J. R. Commons, *Legal Foundations of Capitalism*, 1924.
C. I. Barnard, *The Functions of the Executive*, 1938.（山本安次郎・田杉競・飯野春樹訳『経営者の役割』1968）
H. A. Simon, *Administrative Behavior : A Study of Decision-Making Process in Administrative Organization*, 1945.（松田武彦・高柳暁・二村敏子訳『経営行動』1965）
W. R. Ashby, *Design for a Brain*, 1954.
W. R. Ashby, *An Introduction to Cybernetics*, 1956.
H. A. Simon, *Models of Man*, 1957.（宮沢光一監訳『人間行動のモデル』1970）
S. Beer, *Cybernetics and Management*, 1969.
O. E. Williamson, *Corporate Control and Business Behavior*, 1970.
S. Beer, *Designing Freedom*, 1974.
O. E. Williamson, *Markets and Hierarchies : Analysis and Antitrust Implications*, 1975.（浅沼万里・岩崎晃訳『市場と企業組織』1980）
S. Beer, *The Heart of Enterprise*, 1979.
S. Beer, *Brain of the Firm*, 1981.
S. Beer, *Diagnosing of System for Organization*, 1985.
占部都美『現代経営組織論』1971.
占部都美『近代組織論［Ⅰ］バーナード＝サイモン』1974.
占部都美・坂下昭宣『近代組織論〔Ⅱ〕マーチ＝サイモン』1975.
市橋英世『組織サイバネティクス研究』1978.
宮本光晴『企業と組織の経済学』1991.
高松和幸「計量組織論の構想」経営行動，Vol.6，No.2，1991.

高柳暁・高橋伸夫編著『変化の経営学』1994.
高松和幸「経営組織の特性と多様性の概念」獨協経済 No.67, 1998.
桑田耕太郎・田尾雅夫『組織論』1998.

◆第 10 章◆

N. Wiener, *Cybernetics*, 1948.
W. R. Ashby, *Design for a Brain*, 1954.
W. R. Ashby, *An Introduction to Cybernetics*, 1956.
S. Beer, *Cybernetics and Management*, 1969.
S. Beer, *Designing Freedom*, 1974.
S. Beer, *The Heart of Enterprise*, 1979.
S. Beer, *Brain of the Firm*, 1981.
S. Beer, *Diagnosing of System for Organization*, 1985.
市橋英世『組織サイバネティクス研究』1978.
高松和幸「経営組織とサイバネティクス」（工藤・小椋編『現代経営学』所収）1986.
高松和幸「計量組織論の構想」経営行動, Vol.6, No.2, 1991.

◆第 11 章◆

S. Beer, *Cybernetics and Management*, 1969.
S. Beer, *Designing Freedom*, 1974.
S. Beer, *The Heart of Enterprise*, 1979.
S. Beer, *Brain of the Firm*, 1981.
S. Beer, *Diagnosing of System for Organization*, 1985.
高松和幸「経営組織とサイバネティクス」（工藤・小椋編『現代経営学』所収）1986.
高松和幸「計量組織論の構想」経営行動, Vol.6, No.2, 1991.
高松和幸「組織の決定機構」日本経営システム学会　Vol.10. No.1, 1994.
高松和幸「経営組織の特性と多様性の概念」獨協経済 No.67, 1998.
高松和幸「組織構造と必要多様性の法則」獨協経済 No.68, 1998.
高松和幸「経営組織における自律性の概念」獨協経済 No.69, 1998.

《著者紹介》

高松和幸（たかまつ・かずゆき）

現在　獨協大学経済学部経営学科教授

〔主要著訳書〕

『現代経営学』（共著，白桃書房，1986年）

『ボールディング・トータルシステム』（共訳，第三文明社，1988年）

『経営用語辞典』（共著，東洋経済新報社，1992年）

『ビーア・企業組織のシステム診断』（共訳，杉山書店，1994年）

『経営組織論講義』（創成社，1999年）

『NPOマネジメント』（五絃舎，2002年）

『経営組織論講義（増補版）』（創成社，2003年）

その他

（検印省略）

2009年5月10日　初版発行
2024年3月16日　新版発行

略称 — 新・組織論

新・経営組織論の展開

著　者　高 松 和 幸
発行者　塚 田 尚 寛

発行所　東京都文京区
春日2−13−1　**株式会社　創 成 社**

電　話　03（3868）3867　ＦＡＸ　03（5802）6802
出版部　03（3868）3857　ＦＡＸ　03（5802）6801
http://www.books-sosei.com　振　替　00150-9-191261

定価はカバーに表示してあります。

ISBN978-4-7944-2628-4 C3034
Printed in Japan

組版：スリーエス　印刷・製本：

落丁・乱丁本はお取り替えいたします。